KB150841

스웨덴 왕실의 역사

스웨덴 왕실의 역사

- 왕족들 이야기를 중심으로 -

정유경

알숲

제가 스웨덴에 관심을 가지게 된 것은 어린 시절 서봉총瑞鳳塚에 대한 백과사전을 읽고 나서였습니다. 백과사전에서는 서봉총 발굴에 스웨덴의 왕태자가 참여했고, 이 때문에 서봉총이라는 이름에서 '서'는 스웨덴의 한자식 이름인 '서전'에서 따온 것이라고 설명하고 있었습니다. 어린 시절에 찾을 수 있었던 정보는 그것이 전부였기에 스웨덴에서 멀리 떨어진 우리나라까지 와서 고분을 발굴했다는 왕자님이 누구인지 궁금했습니다. 이 궁금증이 저의 스웨덴에 대한 관심의 시작이었으며, 스웨덴 역사에 대해서 관심을 갖게 되는 계기였습니다.

스웨덴은 현재에도 국왕이 국가의 수장인 군주제를 시행하고 있는 나라입니다. 현재 스웨덴은 입헌 군주 제도의 나라로 사실상 국왕은 상징적 존재이며, 국민이 뽑은 대표가 있는 의회와 그 의회가 구성한 정부가 운영하고 있습니다. 하지만 이전의 스웨덴은 세계 다른 많은 나라들처럼 국왕이 나라를 통치했고, 국왕의 결정이 나라의 운명을 결정했습니다. 그렇기에 국왕의 삶은 물론 국왕의 가족들의 삶 역시 스웨덴 역사와 밀접한 관계를 가지게 되었습니다. 이를테면 스웨덴에서는 왕위 계승 문제가 자주 발생했고, 스웨덴의 운명을 바꾸기도 한 중요한 문제였습니다. 그리고 스웨덴에서 왕위 계승 문제가 발생한 이유를 알기 위해서는 왕족들의 삶을 알아야 합니다.

이 책에서는 바사 가문부터 시작해서 팔츠-츠바이브뤼켄 가문(비텔스바흐 가문의 분가), 홀슈타인-고토로프 가문을 거쳐서 현 스웨덴 왕가인 베르나도트 가문의 왕족들 이야기를 중심으로 스웨덴의 역사를 이야기합니다. 어떤 이야기들은 스웨덴의 역사적 상황에서 매우 중요한 문제이기도 하지만 어떤 이야기들은 가벼운 가십거리일 수도 있을 것입니다. 하지만 이런 이야기들을 아는 것은 스웨덴의 역사를 더 잘 이해할 수 있는 방법 중 하나라고 저는 생각합니다.

사실 스웨덴은 우리나라로부터 지리적으로나 심정적으로나 멀리 떨어진 나라입니다. 북유럽이라는 이름은 몇몇 이미지만 떠올려질 뿐 정확히 어떤 나라인지 그 나라 사람들은 어떤 생각으로 살아가는지 알기는 쉽지 않습니다. 이런 상황은 저 역시도 현재 스웨덴 국민들이 스웨덴 왕가에 대해서 정확히 어떤 느낌을 가지는지 알기는 어려운 상황입니다. 하지만 지금까지 읽어본 많은 이야기들에서 스웨덴 사람들이 스웨덴 왕가에 대해서 부정적이라는 느낌은 많이 받지 못했습니다. 물론 스웨덴에도 공화주의자들은 있습니다. 하지만 그들이 혁명을 일으켜서 왕가를 몰아낼 가능성은 그다지 커 보이지 않습니다.

스웨덴은 왕정을 지속할 수도 있고, 아니면 공화정으로 바뀔 수도 있습니다. 하지만 우리가 스웨덴의 역사에 대해서 알려면 스웨덴 국왕들의 이야기를 알아야 합니다. 그리고 스웨덴의 왕족들에 대한 이야기를 아는 것 역시 스웨덴의 역사를 아는 한 방법이라고 생각합니다.

저는 이 글이 궁극적으로 '이런 사람들의 이야기들을 통해 결국 그 사람이 살았던 시대나 나라에 대해서 좀 더 이해하기 위한 시작'이 되길 바라고 있습니다. 물론 늘 그렇듯이 그냥 재미난 옛날 이야기 정도로 생각하는 것도 괜찮다고 생각합니다.

2023년 여름,
정유경(엘아라)

1장. 바사 가문

2장. 팔츠-츠바이브뤼켄 가문

3장. 홀슈타인-고토로프 가문

4장. 베르나도트 가문

바사 가문 이전의 스웨덴 왕국과 스웨덴 왕가

근현대적 스웨덴이라는 나라가 성립된 시기는 1523년 구스타브 바사 Gustav Vasa가 스웨덴의 국왕이 되면서였습니다. 물론 구스타브 바사가 국왕이 되기 이전부터 스웨덴 왕국은 존재하고 있었습니다. 스웨덴 왕국이 정확히 언제 성립되었는지에 대해서는 좀 명확하지 않습니다. 스웨덴, 더 나아가 북유럽 지역에 대해서 자세히 알려지게 된 시기는 바로 9세기 무렵 바이킹이 활발히 다른 유럽 지역을 침공하기 시작한 때였습니다. 이전 로마 시대에도 북유럽 지방에 대해서 어느 정도 알고는 있었습니다만 자세한 정치적 상황 등을 알 수는 없었습니다. 사실 초기 바이킹이 활동하던 때, 그들은 주로 덴마크나 노르웨이를 중심으로 활동했기 때문에 상대적으로 좀 더 유럽 대륙 안쪽에 있던 스웨덴의 자료는 다소 기록이 부족합니다. 현재 알려진 바로는 웁살라를 중심으로 사람들이 모여 살기 시작했으며 이곳을 중심으로 스웨덴이 왕국으로 발전했다고 생각하고 있습니다. 특히 웁살라는 스웨덴에 기독교가 전파되기 이전에 믿던 신앙의 중심지였고 이것이 사람들을 모을 수 있는 계기가 되었을 것입니다. 그리고 바이킹 시대와 이어지는 중세 시대를 거치면서 스웨덴 역시 점차 작은 소국들과 부족들이 연합해서 더 큰 왕국을 형성하게 됩니다.

올로프 스카트코눙의 얼굴이 새겨진
11세기 동전

에릭 9세의 얼굴로 추정되는 씰

역사적 기록에 나타나는 첫 스웨덴 국왕은 10세기 말 무렵부터 스웨덴을 통치했던 올로프 스카트코눙Olof Skötkonung이나 올로프의 아버지였던 에릭 세르게셀Erik Segersäll로 생각하고 있습니다. 특히 올로프 스카트코눙은 스웨덴에서 공식적 기록이 남은 기독교를 믿은 첫 번째 국왕이었습니다. 그 이전 시대 국왕들에 대한 기록은 역사 기록이라기보다는 전설로 전해져왔었기에 신빙성이 떨어졌습니다만 기독교 역사 저술가들이 올로프 스카트코눙에 대한 저술을 남겼기에, 그의 행적은 명확한 역사 기록으로 남아 있습니다. 게다가 올로프 스카트코눙은 통치하는 동안 자신의 얼굴이 새겨진 동전을 주조해서 발행했고 이것은 그가 통치하는 영역에서 그만큼 힘이 있었다는 것을 의미하는 것입니다.

그런데 올로프 스카트코눙은 에릭 세르게셀의 아들이라는 기록이 있습니다. 이 때문에 에릭 세르게셀을 스웨덴의 첫 번째 국왕으로도 이야기하고 있기도 하며 에릭 세르게셀 역시 기독교를 믿었다고 추정하기도 합니다.

이후 2세기 동안 사실 스웨덴에서 국왕들의 이름은 알려져 있지만 이들의 권한 등이 어땠는지는 불확실합니다. 올로프 스카트코눙의 두 아들이 왕위에 올랐지만 이 가문은 더는 스웨덴을 통치하지 못했으며 아마도 올로프 스카트코눙의 손녀와 결혼했을 것으로 추정되는 스텐실Stenkil이 왕위를 이어받았습니다. 스텐실의 후손들은 12세기까지 왕위를 이어나 갔지만 결국 스텐실 가문도 단절됩니다. 이후 스웨덴에는 스베르케르 1세Sverker I의 후손들인 스베르케르 가문Sverkerska ätten과 에릭 9세Erik IX의 후손들인 에릭 가문Eriska ätten이 13세기까지 번갈아가면서 왕위를 이어 갔습니다. 스베르케르 1세는 외스테르예틀란드Östergötland 출신으로 이전 스텐실 가문과 혈연관계가 없었습니다만, 스텐실 왕가의 마지막 왕이 죽은 뒤 힘을 얻었고 결국 국왕으로 인정받게 되었습니다. 하지만 스베르케르 1세가 죽은 뒤 그의 아들이 왕위를 이어받지 못했고 대신 베스테르예틀란드Västergötland를 중심으로 영향력을 행사했던 에릭9세가 왕위에 오릅니다. 스웨덴 국왕으로 핀란드 지역에 기독교를 전파한 공을 인정받아서 성인으로 시성諡聖되어 '성 에릭'이라는 이름으로도 알려진 에릭 9세는 스베르케르 1세가 죽은 뒤 공백 상태인 권력을 이어받았습니다. 이후 이 둘의 후손들이 번갈아가면서 스웨덴의 국왕이 되었습니다. 이렇게 될 수 있었던 가장 큰 원인은 아마도 스웨덴의 왕위 계승이 상속제가 아니라 선출제여서일 것입니다. 스웨덴은 오래도록 귀족들이 국왕을 선출했는데 특히 14세기에도 이런 전통을 유지했습니다. 아마 이런 전통이 있었기에 바사 가문 이후에도 국왕을 선출하는 일을 자연스럽게 받아들이게 되었을 것입니다.

비르예르 야를(1200-1266),
스웨덴 국립미술관 소장.

13세기가 되면서 스웨덴에는 보다 강력한 왕권을 가진 비엘보 가문 Bjälboätten이 등장합니다. 에릭 가문 출신의 마지막 국왕이었던 에릭 11세 는 후계자 없이 사망했습니다. 에릭 11세가 죽기 전에 이미 권력은 그의 매형이자 스웨덴의 재상 지위라고 할 수 있는 야를Jarl 지위를 얻었던 비 르예르 야를Birger Jarl이 장악하고 있었습니다. 그리고 에릭 11세가 죽자 비르예르 야를은 아내인 잉에보리 에릭스도테르Ingeborg Eriksdotter의 권리 를 통해서 자신의 아들인 발데마르 비르예르손Valdemar Birgersson을 국왕으 로 만들었습니다. 하지만 발데마르는 국왕이 되었을 때 미성년자였기에 아버지인 비르예르 야를이 섭정으로 스웨덴을 통치하게 됩니다. 이 비르 예르 야를의 후손들이 바로 중세 시대 스웨덴을 통치했던 비엘보 가문이 었습니다.

비엘보 가문 시기 스웨덴은 주변 중세 유럽 국가들처럼 국가의 체계를 갖춰가기 시작했고 왕권도 이전 시기보다 매우 강화되었습니다. 하지만 동시에 지방 세력들 역시 중세 영주로 성장해나가게 됩니다. 특히 비엘보 가문의 왕위 계승자들이 왕위 다툼을 하면서 자신들을 지지하는 사람들을 끌어들일 필요가 있었기에 지방 세력들은 더욱더 힘을 얻게 되었습니다. 이렇게 힘을 얻게 되면서 지방 세력들은 국왕이 자신들의 뜻과 맞지 않으면 국왕에 대해서 압박을 가하기도 했습니다.

비엘보 가문은 시간이 지나면서 스웨덴 왕위뿐 아니라 노르웨이와 덴마크 왕위까지 얻게 되는데, 북유럽의 세 나라가 통혼을 해서 서로의 왕위 계승 권리를 이어받았기 때문이었습니다.

비르예르 야를의 증손자였던 망누스 에릭손Magnus Eriksson은 외할아버지인 노르웨이의 국왕 호콘 5세가 후계자 없이 사망하면서 외할아버지의 뒤를 이어서 노르웨이 왕국을 상속받았습니다. 하지만 망누스는 먼저 노르웨이 사람들과 마찰을 빚게 되는데 노르웨이 사람들은 특히 스웨덴 국왕인 망누스가 노르웨이를 통치하려는 것에 반발했습니다. 결국 망누스는 자신의 둘째 아들인 호콘을 노르웨이의 국왕으로 만들고 자신은 노르웨이의 섭정으로 남기로 합니다. 1343년 세 살이었던 호콘은 노르웨이의 호콘 6세Håkon VI가 되었으며 망누스는 1355년 노르웨이 국왕 지위에서 퇴위합니다. 이후 망누스는 다시 스웨덴 사람들과 갈등을 빚게 되면서 결국 1359년 아들이자 후계자였던 에릭 12세Erik Magnusson와 스웨덴을 공동 통치했습니다. 하지만 에릭 12세는 1359년 흑사병으로 사망했고 망누스는 다시 한 번 스웨덴을 홀로 통치합니다. 이에 스웨덴 사람

망누스 에릭손

들은 1364년 망누스를 몰아내고 망누스의 조카였던 메클렌부르크-슈베린 공작 알브레히트Albrekt av Mecklenburg를 국왕으로 만들었습니다.

　망누스 에릭손은 주변의 덴마크와 평화를 원했고 전통적인 결혼 동맹을 추진했습니다. 그 결과 망누스의 아들인 노르웨이의 국왕 호콘 6세와 덴마크의 발데마르 4세의 딸인 마르그레테Margrete Valdemarsdatter가 1363년 결혼했으며 둘 사이에는 아들인 올라프Olav Håkonsson가 태어났습니다. 그런데 1375년 덴마크의 발데마르 4세가 남성 후계자 없이 사망하면서 덴마크 왕위 계승 문제가 발생했습니다. 발데마르 4세의 자녀들 중 살아 있던 사람은 마르그레테밖에 없었습니다만, 마르그레테의 언니인 잉게보르는 메클렌부르크의 공작 하인리히 4세와 결혼했고 그와의 사

마그르레테

이에서 아이들이 있었습니다. 그렇기에 잉게보르의 아들인 메클렌부르크의 알브레히트 역시 덴마크 왕위 계승 권리를 주장하고 있었습니다. 하지만 마르그레테는 자신의 아들인 올라프를 덴마크의 국왕으로 만들기 위해 적극적이었기에 결국 1376년 미성년이었던 올라프가 덴마크의 국왕 올루프 2세Oluf II가 되었으며 어머니인 마르그레테가 아들의 섭정이 되었습니다. 1380년 마르그레테의 남편인 노르웨이의 호콘 6세가 사망하면서 올라프는 노르웨이의 국왕 지위도 이어받게 됩니다만 올라프는 1387년 후계자 없이 갑작스럽게 사망했습니다. 이렇게 되자 덴마크와 노르웨이에서는 다시 왕위 계승 문제가 발생합니다. 하지만 이미 마르그레테가 오래도록 섭정으로 통치하고 있었던 덴마크에서는 자연스럽게 마르그레테를 국왕으로 받아들였습니다. 그리고 노르웨이 역시 이미 오래도록 왕비Queen였던 마르그레테를 통치자로 받아들였고 그렇게 마르그레테는 덴마크와 노르웨이의 여왕이 되었습니다.

메클렌부르크-슈베린의 알브레히트를 국왕으로 선출했던 스웨덴에서는 국왕에 대한 실망감이 커져갔습니다. 그리고 마르그레테는 이 기회를 놓치지 않았습니다. 스웨덴의 귀족들은 알브레히트에게서 등을 돌렸으며 곧 마르그레테에게 도움을 요청했습니다. 그러자 마르그레테는 스웨덴으로 가 스웨덴 귀족들의 승인을 받아 스웨덴의 군주가 되었고 알브레히트의 군대를 격파하고 알브레히트를 포로로 잡으면서 결국 스웨덴의 국왕으로 완전히 입지를 굳히게 되었습니다.

이렇게 마르그레테는 덴마크, 노르웨이, 스웨덴 세 나라의 군주가 되었습니다. 그리고 이 세 나라를 하나로 묶는 칼마르 동맹을 결성합니다. 하지만 복잡한 정치 상황과 후계자 문제가 남아 있었습니다. 사람들은 마르그레테가 재혼해서 남편을 얻을 경우 그가 정치에 막강한 영향력을 행사할 것을 우려했습니다. 하지만 동시에 역시 죽은 아들 외에 자녀가 없었던 마르그레테의 후계자 문제도 있었습니다. 이에 마르그레테는 자신은 재혼하지 않을 것을 공표했고 동시에 언니 잉게보르의 외손자였던 포메른의 에릭Erik av Pommern을 자신의 후계자로 삼았습니다. 마르그레테는 덴마크와 노르웨이와 스웨덴을 하나로 묶어서 성공적으로 통치했지만 마르그레테의 후계자들은 마르그레테만큼 성공적이지는 못했습니다.

마르그레테의 뒤를 이어서 칼마르 동맹의 군주가 된 에릭은 통치 초기에는 매우 성공적인 수행 능력을 보였습니다. 하지만 이전부터 진행되고 있었던 슐레스비히 지역에 대한 갈등이 계속해서 이어졌고, 또한 한자 동맹과의 갈등 역시 커져가면서 혼란이 가중되자 칼마르 동맹 내에서 에릭에 대한 불신이 커졌습니다. 결국 자녀가 없던 에릭이 자신의 친척이었던 포메른 공작을 후계자로 만들려 했을 때 칼마르 동맹 내에서 에릭에 대한 불만이 폭발하고 말았습니다. 먼저 덴마크에서 에릭이 국왕으로 덴마크를 통치하는 것을 거부했으며, 또 한자 동맹에 더 많은 영향을 받고 있던 스웨덴 역시 에릭을 거부했습니다. 노르웨이는 처음에는 에릭을 계속해서 국왕으로 인정했습니다만, 덴마크와 스웨덴이 에릭의 조카인 바이에른의 크리스토페르Kristofer av Bayern를 받아들이게 되면서 결국 노르웨이도 에릭을 쫓아내고 크리스토페르를 국왕으로 받아들였습니다. 하지만 크리스토페르는 1448년 후계자 없이 갑작스럽게 사망하면서 또 다시 왕위 계승 문제가 발생했습니다.

스웨덴은 오래도록 칼마르 동맹의 통치에 대해서 불만을 품고 있었습니다. 그렇기에 스웨덴에서는 크리스토페르의 사망으로 왕위 계승 문제가 발생하자 덴마크 측에서 국왕으로 지지한 올덴부르크 백작 크리스티안 대신에 스웨덴 출신의 귀족으로 스웨덴 내에서 강력한 힘을 가지고 있던 칼 크누트손Karl Knutsson을 국왕으로 지지합니다. 결국 덴마크에서는 크리스티안 1세Kristian I가 즉위했고 스웨덴에서는 칼 8세가 왕위에 오르게 됩니다. 이후 칼마르 동맹 내에서 덴마크의 크리스티안 1세와 스웨덴의 칼 8세가 경쟁하는 상황이 일어났습니다. 하지만 덴마크에서 확고한 지지를 받았던 크리스티안 1세와 달리 칼 8세는 스웨덴 내의 다른 세력들과도 경쟁 관계에 있었기에 몇 번이나 폐위되고 복위되는 상황이 벌어졌습니다.

1470년 칼 8세가 죽은 뒤 스웨덴에서는 국왕을 선출하지 않았습니다. 대신 가장 강력한 힘을 가진 귀족이었던 스텐 스투레Sten Sture den äldre를 섭정으로 선출해서 덴마크에 대항했습니다. 하지만 스웨덴 내부의 권력 투쟁 때문에 스텐 스투레가 섭정의 지위에서 물러나야 했습니다. 덴마크의 국왕 한스Hans는 이 기회를 놓치지 않았으며 결국 스텐 스투레가 이끄는 스웨덴 군대는 덴마크군에 패배했고, 1497년 덴마크의 국왕 한스는 스웨덴의 국왕 요한 2세로 즉위했습니다. 하지만 스텐 스투레는 여전히 스웨덴에서 강한 영향력을 가지고 있었으며 한스 역시 스웨덴을 완전히 장악하기에는 아직 힘이 부족했습니다. 그렇기에 한스는 스텐 스투레에게 국왕 다음으로 높은 지위를 부여해 스텐 스투레가 힘을 유지할 수 있게 해줬습니다. 이후 스웨덴에서 다시 한 번 덴마크 국왕의 통치를 거부하게 되면서 스텐 스투레는 다시 섭정으로 임명되었으며 이후 덴마크와의 전쟁을 이끌었습니다.

1503년 스텐 스투레가 병으로 죽은 뒤 스웨덴에서는 계속해서 스웨덴 출신의 섭정들을 선출하면서 덴마크에 대항합니다. 특히 스텐 스투레가 죽은 뒤 섭정이 된 스반테 닐손Svante Nilsson의 아들이었던 스텐 스투레 2세Sten Sture den yngre는 스웨덴이 덴마크의 간섭에서 완전히 벗어나야 한다고 생각했고 스웨덴 내에서 지지 세력을 모았습니다. 하지만 덴마크의 한스가 죽고 그의 아들이자 강력한 왕권을 추구하던 크리스티안 2세

Kristian II가 즉위하면서 덴마크는 스웨덴을 완전히 장악하기 위해서 지속적으로 스웨덴을 공격합니다. 당연히 스텐 스투레 2세와 그의 지지자들은 이런 덴마크의 공격을 막기 위해서 전쟁을 했습니다. 1520년 전투 중 중상을 입은 스텐 스투레 2세가 사망하고 스텐 스투레 2세를 지지하던 사람들을 중심으로 덴마크에 대항했습니다만 결국 스톡홀름이 함락되고 크리스티안 2세가 왕위에 올랐습니다. 크리스티안 2세는 친히 스톡홀름으로 와서 스웨덴 국왕으로 대관합니다. 이때 크리스티안 2세는 자신에게 대항했던 사람들을 사면해달라는 요청을 거부하고 스텐 스투레 2세를 지지했던 인물들 100여 명을 참수형으로 처형합니다. 이것이 바로 '스톡홀름 피바다Stockholms blodbad' 사건이며, 이 사건 이후 스웨덴에서는 덴마크에 대한 거부감이 더욱더 거세졌습니다.

스톡홀름 피바다 사건

구스타브 바사의 스톡홀름 입성, 1523년, 1,400cm x 700cm, Carl Larsson 작(1908년),
스웨덴 국립미술관 소장.

스톡홀름 피바다 사건으로 처형된 사람 중에는 에릭 요한손Erik Johansson이라는 인물이 있었습니다. 에릭 요한손은 스웨덴의 칼 8세와 친척 관계였으며 그의 어머니는 스텐 스투레의 누이로 스웨덴의 핵심 귀족이기도 했습니다. 이 에릭 요한손에게는 아들인 구스타브 에릭손Gustav Eriksson이 있었습니다. 구스타브 에릭손은 이전에 덴마크에 인질로 잡혀서 코펜하겐으로 끌려갔지만 스톡홀름 피바다 사건이 생기기 전 간신히 탈출했습니다. 그리고 아버지가 죽은 뒤 구스타브 에릭손은 덴마크에 대항하는 사람들을 모아 무장 봉기를 시작했습니다. 1523년 6월 6일 구스타브 에릭손은 스웨덴의 국왕으로 선출되었으며, 6월 17일 구스타브 에릭손이 이끄는 군대가 수도 스톡홀름을 장악하면서 칼마르 동맹은 무너지고 스웨덴은 완전한 독립국가가 됩니다. 그리고 독립을 이룩한 구스타 브 에릭손은 스웨덴의 국왕 구스타브 1세 바사Gustav Vasa가 되었습니다.

1장
바사 가문

바사 가문은 스웨덴의 귀족으로 구스타브 에릭손이 1523년 스웨덴의 국왕이 되면서 스웨덴을 통치했습니다. 스웨덴에서 귀족 가문들은 오래도록 성을 쓰지 않았는데 이 때문에 구스타브 1세$^{Gustav\ I}$가 왕위에 올랐을 때도 그는 '바사'라는 성을 쓰지 않았습니다. '바사'라는 성은 16세기 이후에 등장했고 이후 지속적으로 사용됩니다. 바사 가문 통치 시기 스웨덴은 유럽의 강대국으로 이름을 떨쳤습니다.

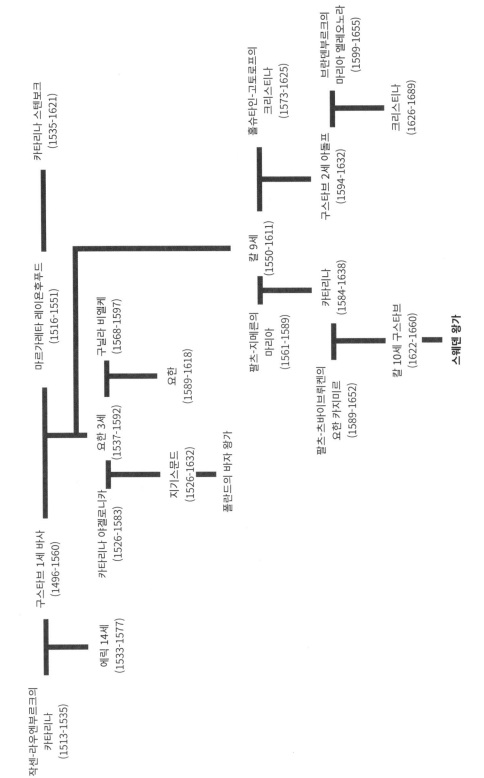

작센-라우엔부르크의
카타리나
(1513-1535)

구스타브 1세 바사
(1496-1560)

카타리나 스텐보크
(1535-1621)

에릭 14세
(1533-1577)

카타리나 야겔로니카
(1526-1583)

요한 3세
(1537-1592)

마르가레타 레이온후푸드
(1516-1551)

구닐라 비엘케
(1568-1597)

지기스문드
(1526-1632)
폴란드의 바사 왕가

요한
(1589-1618)

홀슈타인-고토로프의
크리스티나
(1573-1625)

칼 9세
(1550-1611)

구스타브 2세 아돌프
(1594-1632)

브란덴부르크의
마리아 엘레오노라
(1599-1655)

팔츠-츠바이브뤼켄의
요한 카지미르
(1589-1652)

팔츠-지메른의
마리아
(1561-1589)

카타리나
(1584-1638)

크리스티나
(1626-1689)

칼 10세 구스타브
(1622-1660)

스웨덴 왕가

1. 구스타브 1세와 세 번의 결혼

새롭게 스웨덴의 국왕이 된 구스타브 1세는 자신의 결혼에 대해서 매우 신경이 쓰였습니다. 이전에 스웨덴을 통치했던 덴마크 왕가에서 여전히 스웨덴 왕위 계승을 주장하고 있었기에, 구스타브 1세는 외국 세력의 인정을 받는 것을 중요하게 생각했습니다. 그리고 당대나 이후 세대의 많은 유럽의 국왕들처럼 자신과 동맹을 맺을 외국 세력을 얻기 위해서 외국 통치 가문에서 아내를 얻길 바랐습니다.

아마 구스타브 1세에게 가장 좋은 신붓감은 덴마크 공주였을 것입니다. 덴마크의 공주와 결혼한다는 것은 스웨덴의 왕위를 지속적으로 주장해온 덴마크 국왕이 스웨덴의 국왕인 구스타브 1세를 인정한다는 의미가 되기 때문이었을 것입니다. 하지만 덴마크 왕가에서는 구스타브에게 딸을 주려하지 않았고 구스타브보다 더 이익이 될 만한 가문을 찾았습니다. 구스타브 1세는 다른 통치 가문들을 찾았지만 다양한 이유로 혼담이 성사되지 않다가 1531년 작센-라우엔부르크의 카타리나Katharina von Sachsen -Lauenburg와 결혼합니다. 구스타브 1세가 카타리나와 결혼한 가장 큰 이유는 카타리나의 언니인 도로테아가 덴마크의 왕위 계승자인 크리스티안(후에 국왕 크리스티안 3세)과 결혼했기 때문이었습니다.

카타리나는 1533년 아들이자 후계자가 될 에릭을 낳았습니다. 당대 왕비의 가장 큰 의무가 후계자를 낳는 것이었는데 카타리나는 바로 후계자가 될 아들을 낳았기에 왕비로서의 그녀의 지위가 보장되었을 것입니다. 구스타브 1세와 카타리나의 결혼 생활에 대해서는 그다지 알려진 바

구스타브 1세(1496-1560),
83cm x 104cm,
Cornelius Arendtz 작(17세기),
스웨덴 국립미술관 컬렉션,
현 Gripsholm Castle 소장.

가 없는데 일반적으로 불행했다고 전해집니다. 물론 기록이 없기에 둘이
정말 불행했는지는 알 수 없지만 아마도 정략 결혼이었기에 아주 행복하
지는 않았을 것이며 이것은 아마도 1535년 카타리나가 갑작스럽게 사망
하면서 그녀의 죽음에 대한 이상한 소문이 떠도는 원인이 되었을 것입니
다. 1535년 임신 중이었던 카타리나는 형부인 덴마크의 크리스티안이 스
웨덴에 방문했을 때 환영 무도회에서 그와 춤을 추다가 갑자기 쓰러졌고
결국 일어나지 못한 채 아이를 사산한 뒤 사망했습니다. 이런 상황은 구
스타브 1세가 카타리나와 불화했고 화가 나서 아내를 때려 죽였다는 소
문이 퍼지게 되는 원인이었습니다. 물론 이것은 사실이 아닌 것으로 확
인되었지만, 오래도록 언급되는 가십이 되었습니다.

아내인 카타리나가 사망한 뒤 구스타브 1세는 다시 재혼하려 했습니다. 그에게는 아들인 에릭밖에 없었는데 당대에는 영유아의 사망률이 컸기에 후계자 문제를 안심할 수만은 없었습니다. 구스타브 1세는 재혼 상대로 스웨덴 귀족 출신의 여성을 골랐습니다. 외국 통치 가문의 여성과 결혼하려면 먼저 신붓감으로 적당한 여성을 찾아야 했을 뿐 아니라 찾는다고 해도 그 혼사가 성사되기까지는 매우 오랜 시간이 걸릴 것이 분명했습니다. 그렇기에 쉽게 신붓감을 찾을 수 있을 뿐 아니라 까다로운 결혼 협상이 필요 없이 빨리 결혼할 수 있는 스웨덴 내 귀족 여성들 중 한 명을 선택하기로 한 것이었습니다. 게다가 정치적으로도 스웨덴 국내 정치 상황을 고려해 국왕에게 도움이 될 귀족 가문의 여성을 아내로 맞는 것도 나쁘지 않은 선택이었습니다.

구스타브 1세가 두 번째 아내로 선택한 여성은 마르가레타 에릭스도테르 레이욘후푸드Margareta Eriksdotter Leijonhufvud였습니다. 레이욘후푸드 가문은 당대 스웨덴의 강력한 귀족 중 하나였으며, 마르가레타는 구스타브 1세와 친척 관계로 마르가레타의 어머니가 구스타브 1세와 육촌이기도 했습니다. 마르가레타는 매우 아름다운 여성으로 교육도 잘 받았을 뿐 아니라 구스타브 1세보다도 20살가량 어렸습니다. 이 때문에 아무리 국왕이라도 거의 아버지뻘에 아들까지 있는 홀아비와 결혼한다는 것은 마르가레타에게 그다지 기분 좋은 일은 아니었을 것입니다. 하지만 국왕과 결혼한다면 그녀의 가문에 엄청나게 이익이 될 것이었기에 마르가레타의 어머니는 딸의 결혼을 승낙했고 마르가레타는 결국 어머니의 뜻에 따라 1536년 10월 구스타브 1세와 결혼해서 스웨덴의 왕비가 되었습니다.

마르가레타 레이욘후푸드(1516-1551),
121cm x 195cm, Johan Baptista van Uther 작(16세기),
스웨덴 국립미술관 소장.

　　이런 상황이었기에 마르가레타의 결혼에 대해서 전해져오는 이야기
가 있습니다. 마르가레타는 국왕과 결혼하기 이전에 스반테 스투레라는
인물과 약혼한 사이였다고 합니다. 하지만 국왕과 결혼하기 위해서 이
약혼을 깼어야 했습니다. 그리고 시간이 지난 뒤 마르가레타와 스반테
스투레가 단둘이 개인적으로 만나는 상황을 구스타브 1세가 목격합니
다. 구스타브 1세는 이런 모습에 격분해서 둘 앞에 나타났는데, 이때 마
르가레타는 남편에게 스반테 스투레가 자신의 동생인 매르타와 결혼하
길 청했다고 말했고, 구스타브 1세는 아내의 설명을 듣고 결혼을 승인해
줬다고 합니다. 실제로 스반테 스투레는 마르가레타의 여동생인 매르타
와 결혼했는데, 비록 마르가레타와 스반테 스투레가 약혼했다는 문서는
없지만 아마 둘은 사회적으로 어울리는 한쌍으로 여겨졌기에 만약 마르

가레타가 왕비가 되지 않았다면 그와 결혼했을 가능성이 있었습니다.

마르가레타와 구스타브 1세의 결혼 생활은 매우 행복했다고 알려져 있습니다. 마르가레타는 현모양처로 알려졌는데 남편의 기분을 잘 맞추고 남편에게 영향력을 행사할 수 있는 여성이었습니다. 이런 마르가레타 덕분에 마르가레타의 친정 식구들은 권력을 얻게 됩니다. 물론 마르가레타는 친정 식구들에게 이익을 주긴 했지만 정치적으로 균형을 맞추는 것이 중요하다는 것을 잘 알고 있었으며 이 때문에 강력한 귀족 가문 사람들과의 연결고리를 지속적으로 이어가는 것을 잊지 않았습니다. 마르가레타는 주로 강력한 가문의 출신과 그 가문들과 연결된 사람들을 자신의 시녀로 고용해서 여러 가문들과의 관계를 계속해서 유지해나갔습니다. 마르가레타는 정치적 영향력을 행사할 때 신중했고 이 때문에 마르가레타는 정치적 영향력이 컸음에도 과도하게 정치에 관여한다고 비난받지 않았습니다.

마르가레타는 결혼 15년 동안 무려 10명의 자녀를 낳았기에 결혼 생활 내내 쉬지 않고 아이를 낳은 셈입니다. 이것은 마르가레타와 구스타브 1세의 사이가 매우 좋았다는 것을 의미하는 것이기도 했습니다만, 지속된 임신으로 마르가레타의 건강은 악화되었고, 1551년 8월 마르가레타는 폐렴에 걸린 뒤 사망합니다.

자신의 마음을 잘 알아주고 현명하게 처신해서 모두의 칭송을 받던 아내를 잃은 구스타브 1세는 매우 슬퍼했습니다. 게다가 그에게는 어머니의 손이 필요한 어린 자녀들도 있었습니다. 그렇기에 구스타브 1세는 어린 자녀들과 함께 이전의 행복을 다시 누릴 수 있게 해줄 왕비가 필요하다고 생각했고 결국 재혼할 사람을 찾았습니다.

물론 국왕의 재혼은 단순한 것이 아니었기에 조율이 필요했습니다. 특히 죽은 아내인 마르가레타의 가족들은 궁정에서 영향력이 컸고 이들이 반대하는 결혼을 한다면 구스타브 1세가 재혼한다 해도 평화롭고 행복한 삶을 살 수 없었습니다. 결국 구스타브 1세는 궁정 내에서 영향력을 가지고 있던 전 아내의 친척들을 불러서 이들과 친척 관계인 여성과 결혼하겠다는 뜻을 밝혔습니다.

마르가레타의 가족들은 구스타브 1세의 뜻을 지지했는데, 자신들과 친척 관계인 여성이 다시 왕비가 된다면 자신들에게 이익이 될 것이라고 여겼습니다. 그뿐 아니라 새 왕비는 왕자, 공주들과도 친척 관계였기에 이들을 잘 돌봐줄 것이라고 생각했습니다. 왕비로 선택된 사람은 바로 카타리나 구스타브스도테르 스텐보크Katarina Gustavsdotter Stenbock였습니다. 그녀는 전 왕비인 마르가레타의 조카로, 카타리나의 어머니가 마르가레타의 언니였습니다. 게다가 카타리나의 언니인 베아타 스텐보크는 구스타브 1세의 조카였던 페르 브라헤와 결혼했습니다. 결국 카타리나가 구스타브 1세와 결혼한다면 이전 왕비였던 마르가레타의 친인척들이 여전히 국왕과의 연결고리가 이어져서 이익을 얻을 수 있었습니다.

카타리나 스텐보크는 구스타브 1세와 거의 40살가량 차이가 났으며 심지어 구스타브 1세의 장남인 에릭보다 더 어렸습니다. 이것은 카타리나가 구스타브 1세와의 결혼을 달갑게 여기지 않는 중요한 원인이었을 것입니다. 물론 가족들의 결정을 카타리나가 뒤집을 수는 없었지만 어쨌

카타리나 스텐보크(1535-1621),
Johan Baptista van Uther 작(1565년 추정).

든 이런 상황이었기에 구스타브 1세가 카타리나를 처음 만나러 왔을 때
카타리나가 그를 만나지 않으려 했다는 이야기가 전해집니다.

카타리나의 생각이 어쨌든 간에 결국 그녀는 1552년 구스타브 1세와
결혼해서 왕비가 되었습니다. 하지만 구스타브 1세의 이번 결혼 생활은
불행했습니다. 가장 큰 원인은 아마 둘 사이의 나이 차가 너무나 컸기에
서로를 잘 이해하지 못한 데 있을 것입니다. 게다가 아마도 구스타브 1
세는 사랑했던 아내 마르가레타와 비슷한 여성을 원했을 것입니다만, 어
린 카타리나는 구스타브 1세가 원하던 사람과 달랐습니다. 이런 상황에
서 카타리나는 남편에게 큰 영향력을 행사할 수 없었으며 또한 궁정에서
도 큰 영향력을 행사할 수 없었습니다. 하지만 카타리나는 성실한 아내

였고 남편의 전처 자식들과 잘 지내려 노력했습니다. 카타리나는 남편과 자녀들이 서로 다툴 때마다 그 사이에서 중재하려 애쓰는가 하면 남편이 아프자 늘 남편 곁을 지키며 간호했습니다.

구스타브 1세는 세 번 결혼했는데 첫 번째 결혼은 왕조의 첫 번째 국왕으로 다른 나라의 인정을 받는 것을 원했기에 외국 통치 군주의 딸과 결혼했었고 두 번째는 후계자와 국내 정치 문제를 고려해서 신붓감을 골랐으며 마지막으로는 개인적 안정을 위해서 결혼했습니다. 왕가의 결혼은 정치적인 문제가 우선이기에 개인적 행복은 뒷전이었습니다만 그래도 구스타브 1세는 세 번의 결혼 중 적어도 한 번은 행복한 결혼 생활을 유지할 수 있었습니다.

2. 에릭 14세의 광기 : 스투레 살해 사건

에릭 14세Erik XIV는 구스타브 1세의 장남으로 매우 교육을 잘 받았으며, 덕분에 그는 왕위 계승자로 두각을 나타냈습니다. 에릭 14세는 성장하면서 아버지와 갈등을 빚게 되는데 가장 큰 원인은 아마도 그가 스웨덴을 어떻게 통치할 것인가에 대해서 아버지와는 다른 생각을 가지고 있어서일 것입니다. 이를테면 에릭 14세는 잉글랜드의 여왕이었던 엘리자베스 1세와 결혼하길 원했지만 구스타브 1세는 이를 원치 않는데, 에릭 14세는 아버지의 의견을 무시하고 엘리자베스 1세와의 결혼을 계속해

에릭14세(1533-1577),
69cm x 103cm, Domenicus Verwilt 작
(연도 미상),
스웨덴 국립미술관 소장.

서 추진했습니다.

에릭 14세와 구스타브 1세의 갈등은 에릭 14세가 왕위에 오른 뒤 그의 이복동생들과의 갈등으로 이어졌습니다. 구스타브 1세는 죽으면서 에릭의 이복동생들에게 스웨덴 내의 공작령을 분배하면서 독립적 권한을 부여했습니다. 당연히 국왕이 된 에릭 14세는 아버지의 이런 유언장 내용에 반발할 수밖에 없었고, 왕권을 강화하기 위해서 동생들의 권한을 축소하려 했습니다. 에릭 14세의 동생들은 반발하는데, 특히 에릭 14세와 나이 차이가 얼마 나지 않았던 핀란드 공작 요한의 반발이 컸습니다. 요한은 핀란드 공작으로 자신의 독립적 권리를 형이 제한한다고 여겼으며 이에 대항하려고 생각했고 그에게 도움이 될 만한 외국 세력을 찾았

습니다. 요한은 1562년 폴란드의 공주였던 카타지나 야겔론카Katarzyna Jagiellonka(스웨덴식으로는 카타리나 야겔로니카Katarina Jagellonica)와 결혼합니다. 폴란드 공주와 결혼한 요한은 폴란드의 도움을 받을 수 있게 되는데, 특히 장인인 폴란드 국왕으로부터 자금을 지원받았습니다. 이것은 에릭 14세가 요한을 공격하는 원인이 되는데, 에릭 14세는 외교적으로 폴란드를 견제하고 있었고, 동생인 요한이 폴란드 공주와 결혼하고 폴란드 측 자금을 받는 것에 대해서 위협을 느낀 것입니다. 에릭 14세는 요한과 그의 아내인 카타리나를 포로로 잡았고 1563년 이들 부부를 그립스홀름성에 감금합니다.

가족 내에서 가장 강력한 경쟁자였던 동생 요한을 실각시킨 에릭 14세는 이제 다시 한 번 자신의 정적이 될 만한 인물들에 대해 의심하기 시작했습니다. 바로 스웨덴의 귀족들이었습니다. 에릭 14세는 즉위한 뒤 왕권을 강화해 나갔으며, 귀족들은 당연히 이에 대해서 불만을 품었습니다. 이런 불만들이 점차 커져가자, 에릭 14세는 귀족들이 자신의 왕위를 뺏으려 한다고 생각했고, 귀족 가문 중 큰 힘을 가지고 있던 스투레 가문을 의심하기 시작합니다. 스투레 가문은 바사 가문 이전에 스웨덴의 섭정으로 독립운동을 했던 스텐 스투레 2세의 후손들이었습니다. 게다가 스텐 스투레 2세의 아들이었던 스반테 스투레는 구스타브 1세 아돌프의 처제였던 매르타 레이욘후푸드와 결혼했었기에 이 가문은 구스타브 1세 시절에 막강한 권한을 행사했습니다. 특히 에릭 14세는 요한과 그의 가족들을 감금하고 난 뒤에 더욱더 스투레 가문을 의심합니다. 에릭 14세는 스투레 가문이 자신에게 불만을 품은 요한과 결탁해서 자신의 왕위

닐스 스투레(1543-1567),
94cm x 112cm, 작가 미상(17세기
초반), 스웨덴 국립미술관 컬렉션,
현 Gripsholm Castle 소장.

를 뺏는 것이 아닐까 의심했고, 1566년 스반테 스투레의 아들이었던 닐스 스투레를 반역죄로 체포한 뒤 감금하기까지 했습니다. 하지만 이후 그를 풀어준 뒤 외교적 임무를 주어 외국으로 보내버립니다.

에릭 14세는 비록 닐스 스투레를 처형하지는 않았지만, 계속해서 스투레 가문을 감시했으며 몇몇 고위 귀족들이 만나는 것을 주목했습니다. 결국 1567년 에릭 14세는 자신이 의심했던 스투레 가문 사람들을 비롯한 몇 명의 귀족들을 여러 가지 죄목으로 잡아 웁살라성에 투옥합니다. 갑작스러운 투옥에 스투레 가문 사람들은 물론 여러 귀족 가문 사람들은 당황했고 상황에 대해서 알아보려 했습니다. 하지만 에릭 14세는 이들이 손을 쓰기도 전에 모두에게 충격적일만큼 잔혹한 일을 저지르고 맙니다.

1567년 5월 24일 에릭 14세는 자신이 투옥한 귀족들을 만나러 갔습니다. 이때 스반테 스투레를 만난 에릭 14세는 스반테 스투레에게 자신의 잘못을 용서해달라고 했다고 합니다. 하지만 스반테 스투레의 아들인 닐스 스투레를 만난 에릭 14세는 전혀 다른 반응을 보이는데, 닐스 스투레를 보자마자 그를 칼로 찔러서 살해해버립니다. 이후 에릭 14세는 스반테 스투레에게 돌아가서 그를 살해하고 이후 자신의 호위병들에게 투옥된 귀족들을 살해하라고 명령한 뒤 성을 떠났습니다. 투옥된 귀족들 중 살아남은 이들도 있었지만 대부분이 살해당했는데 이 가운데는 스반테 스투레와 그의 두 아들인 닐스와 에릭이 있었고, 스투레 가문 사람들이 가장 많이 살해당했기에 이 사건은 '스투레 살해 사건Sturemorden'이라고 알려져 있습니다.

이때 에릭 14세의 상태는 이미 비정상적이었는데, 그를 말리러 따라온 자신의 측근마저 살해하라고 명령을 내릴 정도였습니다. 그리고 그는 갑자기 사라졌습니다. 사흘 뒤 사람들이 국왕을 찾아냈을 때, 에릭 14세는 자신의 행동으로 인한 결과에 두려움에 떨면서 농민 복장으로 숨어 있었다고 합니다.

에릭 14세는 수도로 돌아온 뒤 자신의 행동에 대해서 유족들에게 사죄했으며, 죽은 이들이 아무 죄 없이 살해당했다는 점에 대해서 인정했고 유족들에게 더 이상의 해를 가하지 않겠다고 선언했으며, 배상금을 지급하기까지 했습니다. 그러나 이 시점에서 에릭 14세의 상태는 누가 봐도 정상이 아니었습니다. 특히 그의 정신 상태는 국가를 통치하기에 불가능한 것처럼 보였습니다. 게다가 이전부터 에릭 14세에게 불만을 품고 있었던 귀족들은 이제 더는 국왕을 믿을 수 없게 되자 그에게 권력을 줘서는 안 된다고 생각했습니다. 결국 에릭 14세에 의해서 감금되었던 핀란드 공작 요한은 석방되었고 다시 정치에 복귀할 수 있었습니다. 그리고 요한은 이제 에릭 14세를 믿지 못하는 귀족들의 지지를 받으면서 점차 더 세력을 넓혀가기 시작했습니다.

에릭 14세는 아픈 동안 정부였던 카린 몬스도테르Karin Månsdotter의 간호를 받았습니다. 높지 않은 신분의 카린 몬스도테르는 이전부터 에릭 14세가 의지하던 여성이었습니다. 이를테면 스반테 스투레와 아들들이 체포되었을 때, 스반테 스투레의 아내인 매르타는 카린을 찾아가서 남편과 아들들을 구해달라고 호소하기도 했다고 합니다. 에릭 14세가 아픈 동안 카린은 그에게 충실했기에 에릭 14세는 카린과 결혼하기로 결정했습니다. 귀족들은 신분이 낮은 카린이 왕비가 되는 것을 반대했지만, 에릭 14세는 카린 몬스도테르와 정식으로 결혼했고, 1568년 7월 공식적으로 카린을 왕비로 선언합니다. 이미 에릭 14세에게 불만이 컸던 귀족들은 카린을 왕비로 섬겨야 한다는 사실을 참을 수 없었습니다. 결국 1568년 9월 에릭 14세의 동생인 요한과 귀족들은 에릭 14세가 정신적으로 문제가 있어서 더는 통치할 수 없다고 주장하면서 그를 감금했습니다. 그리고 1569년 1월 귀족들은 의회를 소집해서 에릭 14세를 정식으로 폐위하고 그의 동생인 요한을 국왕으로 받아들였고, 요한은 스웨덴의 국왕 요한 3세Johan III가 되었습니다.

에릭14세와 카린 몬스토테르(1550-
1612), Erik Johan Löfgren 작(1864년),
소장처 미상.

3. 요한 3세와 두 아내

에릭 14세가 폐위되고 그의 동생인 핀란드 공작 요한 3세가 국왕으로 즉
위하면서 여기에 관여했던 귀족들은 많은 특권을 부여받았습니다. 하지
만 요한 3세 역시 왕권을 강화해야 한다고 생각하고 있었기에 귀족들을
통제하려 했습니다. 그는 그나마 믿을 수 있는 동생 쇠데르만란드 공작
칼에게 많은 권력을 부여했고 그 외 다른 사람들은 모두 경계했습니다.
요한 3세에게 반대하는 사람들은 에릭 14세를 복위시키려고 계속 노력
했으며, 1577년 에릭 14세가 죽고나서야 이런 시도가 잠잠해집니다. 요
한 3세는 에릭 14세가 반란군의 손에 넘어갈 것을 두려워했는데 그 때문

에 에릭 14세가 죽은 뒤 독살되었다는 소문이 파다했다고 합니다. 그리고 현대에 시신을 발굴해서 검사해본 결과 에릭 14세가 비소 중독으로 사망했다는 사실이 밝혀지기도 했습니다.

요한 3세는 왕권을 강화하기 위해서 사상을 하나로 통합하려고 생각했습니다. 스웨덴이 덴마크에서 독립한 뒤 구스타브 1세는 루터파를 받아들였고 스웨덴을 개신교의 나라로 만들려 했습니다. 하지만 요한 3세는 좀 더 나아가서 루터파는 물론 다른 종파나 가톨릭의 사람들도 이념을 받아들일 수 있는 종교로 발전시키려 한 듯합니다. 하지만 이것은 가톨릭 등에 특별히 관대한 모습으로 보여져, 나라의 대다수를 차지하던 개신교, 특히 루터파 성직자들의 반발을 사고 말았습니다. 하지만 시간이 지날수록 종교 갈등이 수그러들지 않고 지속하자, 요한 3세는 반발을 잠재우기 위해 다시 루터파 성직자들의 의견을 따랐습니다. 이렇게 요한 3세의 종교 정책이 바뀌게 된 데는 요한 3세의 두 아내, 가톨릭 교도였던 카타리나 야겔로니카와 루터파였던 구닐라 비엘케가 영향을 미쳤다는 이야기가 전해집니다.

요한 3세는 왕위에 오르기 전 정치적 목적을 위해서 폴란드의 국왕 지그문트 1세의 딸이자 지그문트 2세 아우구스트의 동생이었던 카타리나 야겔로니카와 결혼했습니다. 사실 이전에 구스타브 바사는 폴란드와의 관계를 강화하기 위해서 폴란드 공주를 며느리로 맞고 싶어 했지만 이전까지 폴란드에서는 스웨덴과의 결혼 동맹이 이익이 되지 않는다고 생각했었습니다. 하지만 에릭 14세는 즉위하고 난 뒤 스웨덴 주변 지역

요한 3세(1537-1592),
127cm x 203cm, Johan Baptista van Uther 작
(연도 미상), 스웨덴 국립미술관 컬렉션,
현 Gripsholm Castle 소장.

을 확장시키는 정책을 펼쳤고, 이에 폴란드는 위협을 느끼게 됩니다. 폴란드 국왕 지그문트 2세 아우구스트는 에릭 14세를 견제하기 위해서 여동생을 당시 핀란드 공작이었던 요한 3세와 결혼시켰습니다. 하지만 카타리나와 결혼한 지 얼마 되지 않아서 요한은 에릭 14세에게 체포되어 감금되었습니다. 에릭 14세는 외교적 문제를 걱정해서 카타리나가 원한다면 폴란드로 돌아갈 수 있게 해주겠다고 했지만 카타리나는 이를 거절하고 남편 곁에 남았습니다. 그리고 이런 상황은 아마도 부부가 서로에게 더욱더 신뢰감을 갖는 계기가 되었을 것입니다.

카타리나 야겔로니카는 가톨릭 신자로, 남편이 개신교도였고 스웨덴 역시 개신교의 나라였지만 개종하지 않고 가톨릭 신앙을 유지할 수 있었습니다. 그리고 왕비가 되면서 스웨덴 내 가톨릭 세력의 중요한 인물로

카타리나 야겔로니카
(1526-1583),
17.5cm x 19.5cm,
Lucas Cranach the Younger 작
(1565년 추정),
폴란드 차르토리스키
미술관 소장.

떠올랐습니다. 요한 3세는 아내인 카타리나에게 충실한 남편이 되었으며 아내를 위해서 가톨릭 사제가 예배할 수 있도록 허락하고 가톨릭 수녀원을 여는 것을 허용하는 등 가톨릭에 호의적인 태도를 취했습니다. 또 가톨릭 국가들과도 친교를 유지하며 교황에게 사절을 보내기도 했습니다. 게다가 자신의 아들이자 후계자가 될 시기스문드가 예수회 수사들에게서 교육을 받는 일을 허용하기도 했습니다.

요한 3세의 이런 행동은 개신교 성직자들, 특히 루터파 성직자들의 반발을 샀습니다. 요한 3세가 예배에서 가톨릭적 요소를 강화시키려 하자 루터파 성직자들이 크게 반발해서 요한 3세의 동생인 칼이 통치자로 있는 쇠데르만란드로 가기도 했습니다. 칼은 이 기회를 통해서 자신이 종교의 보호자라는 이미지를 강화할 수 있었습니다. 하지만 1583년 카타리나 야겔로니카가 사망하면서, 요한 3세의 친 카톨릭 정책도 중단되었습니다.

요한 3세는 첫 번째 아내가 죽은 뒤 두 번째 아내감을 찾기 시작했습니다. 상대는 아내의 시녀로 스웨덴 귀족 가문 출신이었던 구닐라 요한스도테르 비엘케Gunilla Johansdotter Bielke af Åkerö였습니다. 구닐라 비엘케는 요한 3세의 장녀였던 안나와 같은 나이로, 어렸을 뿐 아니라 매우 아름다웠다고도 합니다. 요한 3세는 아마도 구닐라의 외모에 반해 그녀와 결혼하기로 결심했었던 듯합니다. 구닐라 비엘케는 처음에는 아버지뻘의 홀아비인 요한 3세와의 결혼을 원치 않았을 것입니다. 그렇기에 구닐라 비엘케는 요한 3세가 자신과 결혼하겠다고 했을 때 이를 거절했고 이에 격분한 요한 3세가 구닐라를 장갑으로 때렸다는 이야기가 전해집니다. 하지만 구닐라의 가족들은 이 결혼을 반겼는데 국왕과 구닐라가 결혼할 경우 자신들에게 큰 이익이 될 것이라고 생각했기 때문입니다. 이것은 이전 시대 마르가레타 레이욘후푸드와 카나리나 스텐보크가 구스타브 1세와 결혼해서 그 주변 친척들이 이익을 얻었던 것과 마찬가지였습니다. 그리고 가족들의 압력에 구닐라 비엘케는 결국 결혼에 동의할 수밖에 없었을 것입니다.

요한 3세가 구닐라 비엘케와 결혼하겠다고 했을 때 왕실 가족들은 반발했습니다. 요한 3세의 동생들은 대부분 외국 통치 가문 출신의 사람들과 결혼했는데 이들은 요한 3세가 통치 가문이 출신이 아닌 여성과 결혼하는 것이 체면을 깎는 일이라고 생각한 까닭입니다. 특히 형과 이미 마찰을 빚기 시작하던 동생 쇠데르만란드 공작 칼은 이 기회를 빌려 형에게 더욱더 반대하는 입장이 되었고 후일 심지어 형의 결혼식에 참석조차

구닐라 비엘케(1568-1597),
82cm x 100cm,
작가 미상(연도 미상)
스웨덴 국립미술관 컬렉션,
현 Gripsholm Castle 소장.

하지 않았습니다. 하지만 스웨덴 귀족들은 이 결혼에 대해서 호의적이었는데, 국왕이 스웨덴 귀족 출신의 여성과 결혼하면서 추밀원이나 귀족들과의 관계를 좀 더 돈독하게 만들 수 있다고 여겼기 때문입니다.

1585년 2월 요한 3세와 구닐라 비엘케는 결혼했습니다. 구닐라 비엘케는 왕비가 되었을 뿐 아니라 남편으로부터 많은 재산을 받아서 스웨덴에서 가장 부유한 여성이 되었습니다. 어리고 아름다웠던 구닐라 비엘케는 요한 3세의 마음을 사로잡았기에 국왕에게 영향력을 행사할 수 있었습니다. 요한 3세는 공개적으로 아내의 영향력을 인정했으며 왕비의 말에 따라서 자신의 뜻을 바꿨다고까지 했습니다. 구닐라 비엘케는 종교 정책에도 영향을 미쳤는데 이전에 요한 3세가 카타리나 야겔로니카의 영향을 받아서 가톨릭에 호의적이었다면, 요한 3세는 구닐라 비엘케의 영향을 받아서 개신교에 호의적이었으며 이전에 가톨릭에 호의적이었던 정책을 취소하는 원인이 되었다고 알려져 있습니다.

구닐라 비엘케는 정치적 영향력이 컸고, 이 영향력을 이용해서 친정 식구들에게 특혜를 부여했습니다. 이런 구닐라 비엘케의 행동에 많은 귀족들이 반발했으며, 이들은 구닐라 비엘케가 정치에 너무 많이 관여하고 있다고 생각했습니다. 그리고 이것은 더 나아가 구닐라가 요한 3세로 하여금 요한 3세와 카타리나 야겔로니카 사이의 아들, 즉 당시 폴란드 국왕이었던 시기스문드가 아닌 자신의 아들인 요한에게 스웨덴 왕위를 물려주게 만들려 했다는 소문이 퍼지는 원인이 되었을 것입니다.

4. 스웨덴과 폴란드의 국왕 : 시기스문드

폴란드의 국왕 지그문트 3세Zygmunt III Waza로 더 잘 알려진 스웨덴의 국왕 시기스문드Sigismund는 스웨덴의 국왕 요한 3세와 그의 아내인 카타리나 야겔로니카의 아들로 태어났습니다. 그리고 시기스문드는 아버지로부터 스웨덴 왕위를 물려받기 전 이미 폴란드의 국왕이자 리투아니아의 대공이 되었습니다. 그가 폴란드 왕위를 얻게 된 것은 외가인 야겔론 가문에서 더 이상 남성 왕위 계승자가 없어졌기 때문이었습니다.

시기스문드라는 이름은 외할아버지였던 폴란드의 국왕이자 리투아니아의 대공이었던 지그문트 1세의 이름을 딴 것이었습니다. 지그문트 1세에게는 아들이자 후계자가 되는 지그문트 2세 아우구스트 외에 살아남은 적자는 모두 딸들밖에 없었습니다. 그리고 지그문트 2세 아우구스트가 후손을 얻지 못하고 1572년 사망하자 왕위 계승 문제가 발생합니다. 당시 폴란드 왕국과 리투아니아 대공국은 한 명의 군주가 통치하던 연합 왕국이었는데 이곳을 통치하던 야겔론 가문에서는 이때 남성 직계 후손들은 남아 있지 않았고, 여성 후손들만 남아 있었습니다. 이렇게 되자 왕위 계승을 요구하는 사람들이 여러 명 나왔는데 폴란드-리투아니아의 귀족들은 각기 다른 사람들을 지지했습니다. 결국 폴란드-리투아니아의 귀족들은 모여서 국왕을 선출하기로 결정했습니다. 그렇게 선출된 사람은 프랑스의 국왕 앙리 2세의 아들이었던 앙주 공작 앙리였습니다. 하지만 앙리는 국왕으로 대관한 직후 형인 프랑스의 샤를 9세가 후계자 없이 사망했다는 것을 알게 되었고 프랑스의 왕위를 계승하기 위해 폴란드를 떠나 프랑스로 돌아갔습니다. 폴란드에서는 그에게 돌아오라고 요구했지만, 앙리는 프랑스로 가서 프랑스 국왕 앙리 3세가 됩니다. 결국 앙리 3세는 1575년 폴란드의 왕위를 포기했습니다.

상황이 이렇게 전개되자 폴란드에서는 다시 왕위 계승자를 선출해야 했습니다. 이때 가장 강력한 후보자는 합스부르크 가문 출신의 황제 막시밀리안 2세였습니다. 폴란드-리투아니아 내에서는 친합스부르크 가문과 반합스부르크 가문 인물들이 막시밀리안 2세를 국왕으로 선출해야 하는가에 대한 문제를 두고 서로 싸웠습니다. 반합스부르크 가문 측의 사람들은 막시밀리안 2세에 대항할수 있는 인물인 트란실바니아의 군주인 스테판 바토리를 지지했습니다. 스테판 바토리는 친합스부르크 인물을 물리치고 트란실바니아를 차지했던 사람이었습니다. 하지만 그가 당장 폴란드 왕위 계승 후보자로 나서기는 적합지 않았는데 일단 폴란드에서의 기반이 부족했기 때문이었습니다. 이에 스테판 바토리를 지지하던 사람들은 강력한 왕위 계승 명분을 가진 안나 야겔론카를 왕위 계승자로 내세우게 됩니다. 폴란드 공주이자 지그문트 1세의 딸이었던 안나 야겔론카는 그때까지 미혼으로 폴란드에 남아 있었으며 만약 안나와 스테판 바토리가 결혼한다면 둘이 폴란드-리투아니아의 군주가 될 가능성이 더 커지게 될 것이었습니다. 결국 안나 야겔론카와 스테판 바토리는 폴란드-리투아니아의 공동 군주로 선출되었습니다.

하지만 안나가 스테판 바토리와 결혼했을 때 이미 50대의 나이였기에 둘 사이에 아이를 낳을 가능성이 적었습니다. 스테판 바토리가 오래 살았다면 아마도 재혼해서 자녀를 얻었을 가능성이 있었겠지만 스테판 바토리가 1586년 사망하고 나자, 폴란드 왕위 계승 문제는 다시 한 번 수면 위로 떠올랐습니다. 여러 사람들이 왕위 계승자 후보에 올랐는데, 안나 야겔론카는 대관한 여왕이었기에 아무래도 그녀의 발언권이 컸습니다. 안나는 자신의 조카들인 스웨덴의 시기스문드와 스웨덴의 안나를 왕위 계승자 후보로 염두에 두었습니다. 특히 시기스문드의 아버지인 요한 3세는 아들이 외국의 왕위를 얻는 것을 원치 않았기에, 안나 야겔론카는 조카인 스웨덴의 안나를 후보자들 중 한 명과 결혼시켜서 왕위를 이어가게 하려고도 생각했습니다. 하지만 결국 안나 야겔론카는 시기스문드를 왕위 계승자로 지지했으며, 시기스문드가 왕위 계승자로 선출되자 1587년 그에게 왕위를 물려줬으며, 시기스문드는 폴란드의 국왕이자 리투아니아의 대공 지그문트 3세가 되었습니다.

지그문트 3세는 예수회의 교육을 받았고 폴란드 국왕이 되었기에 당연히 가톨릭을 믿었습니다. 그리고 폴란드 국왕이 된 후에는 합스부르크 가문 출신으로 황제 페르디난트 2세의 누나였던 오스트리아의 안나Anna von Österreich와 결혼하면서 가톨릭 국가들과 친밀한 관계를 형성했습니다. 사실 폴란드에서는 합스부르크 가문의 영향력을 무시할 수 없었으며 또한 가톨릭 국가인 폴란드가 같은 가톨릭을 믿는 합스부르크 가문과 연대하는 것에 대해 긍정적이었습니다. 하지만 지그문트 3세는 폴란드 국왕만이 아니었으며 스웨덴의 왕위 계승자이기도 했습니다. 그렇기에 이런 지그문트 3세의 행동은 스웨덴에서는 큰 위협이기도 했습니다.

1592년 요한 3세가 사망했을 때 당연히 제1 왕위 계승자는 지그문트 3세였습니다만 정치적으로 복잡한 상황이었습니다. 폴란드에서는 이전에 프랑스의 앙리 3세가 폴란드의 국왕이 되었지만 프랑스의 왕위 계승을 위해 떠나버리자 결국 그의 폴란드 왕위를 박탈한 적이 있었습니다. 그렇기에 지그문트 3세는 스웨덴의 왕위를 계승하기 위해서 함부로 폴란드를 떠날 수 없었습니다. 게다가 스웨덴에서도 가톨릭을 믿는 지그문트 3세와 가톨릭에 열성적인 합스부르크 가문 출신의 왕비 안나를 받아들이는 것을 굉장히 꺼려했습니다. 특히 가톨릭 교도로 성장했으며 가톨릭 성향이 강한 폴란드의 국왕이자 '가톨릭의 수호자'라고 일컬어지던 합스부르크 가문 출신의 아내를 맞은 지그문트 3세에 대해서 스웨덴에서는 당연히 걱정할 수밖에 없었습니다.

오스트리아의 안나(1573-1598),
144cm x 232cm, Martin Kober 작(1595년),
독일 Alte Pinakothek 소장.

스웨덴에서는 지그문트 3세의 왕위 계승 자체에 대해서는 이의가 없었지만 이미 개신교를 중심으로 나라가 통합되고 있던 스웨덴에 가톨릭의 세력을 강화시키는 것은 있을 수 없는 일이기도 했습니다. 특히 요한 3세가 가톨릭 세력을 옹호했을 때 이를 반대했던 인물이 바로 요한 3세의 동생이자 지그문트 3세의 숙부였던 쇠데르만란드 공작 칼이었습니다. 칼 공작을 중심으로 하는 귀족들은 지그문트 3세가 국왕으로 스웨덴 정치에 개입한다면 루터파 위주로 나라를 통합하려 했던 기존의 종교 정책을 완전히 바꿀 것을 두려워했습니다. 게다가 이미 폴란드 국왕으로 스웨덴을 떠나 있던 지그문트 3세가 스웨덴을 통치하기 위해서 다시 돌아오는 것도 스웨덴에서는 좋게 보지 않았습니다. 폴란드와 스웨덴은 각자의 이익이 있는데 만약 지그문트 3세가 폴란드 이익을 더 우선시할 경우 스웨덴의 상황은 애매해질 수 있기 때문이었습니다. 결국 스웨덴에서는 지그문트 3세가 스웨덴으로 돌아오기 전 신분제 의회를 개최해서 스웨덴의 국교가 개신교의 일파인 루터파인 것인지를 확인하고자 했습니다.

지그문트 3세는 폴란드 의회에 스웨덴의 왕위 계승을 위해 스웨덴으로 갈 수 있도록 허락을 받은 뒤 폴란드 군대를 이끌고 스웨덴으로 왔으며 정식으로 스웨덴의 국왕 시기스문드가 되었습니다. 스웨덴에 도착한 시기스문드는 자신이 없는 동안 의회가 결정한 문제는 무효임을 주장했으며 우려대로 가톨릭에 대해 호의적인 모습을 취했습니다. 스웨덴 사람들은 시기스문드가 자신에게 반대하는 사람들을 압박하고 위협한다고 느꼈습니다. 이에 쇠데르만란드 공작 칼을 중심으로 다시 한 번 사람들이 뭉쳤고, 칼 역시 군대를 이끌고 와서 시기스문드와 대치했습니다. 결국 시기스문드는 스웨덴의 국왕으로 대관했지만, 의회가 국교를 루터파로 결정한 것을 인정할 수밖에 없었습니다.

대관식 후 시기스문드는 폴란드로 돌아가야 했고 스웨덴 통치를 귀족들에게 맡겨야 했습니다. 하지만 시기스문드는 자신을 지지하는 귀족들을 통해서 직접 통치하려 했습니다. 이에 시기스문드를 반대하는 귀족들은 즉각 반발했는데 그 중심에는 시기스문드의 숙부였던 칼이 있었습니다. 칼은 귀족들과 함께 시기스문드의 통치 방식을 반대했지만, 귀족들이 스웨덴을 통치하는 것 역시 원치 않았습니다. 칼은 자신이 국가 수반이 되어서 폴란드로 간 시기스문드를 대리해 스웨덴을 통치해야 한다고 생각했습니다. 사실 이것은 시기스문드를 반대해서 칼을 지지했던 귀

대관식 옷을 입은 폴란드의 지그문트 3세
(스웨덴의 시기스문드, 1566-1632),
131.8cm x 220.5cm, Pieter Soutman 작(1624년 추정),
독일 Staatsgalerie Neuburgth 소장.

족들이 원하던 방향은 아니었습니다. 하지만 칼의 힘은 점차 더 커져갔
으며 결국 의회를 통해서 국가 최고 수반의 지위를 얻었습니다.

시기스문드 입장에서 보면 이런 사실은 반역이나 마찬가지였고 그는
이를 인정하지 않으려 했습니다. 그리고 이전까지 시기스문드를 반대했
던 많은 귀족들은 스웨덴 내의 왕권이 강화되어서 자신들의 권력이 약화
될 것을 우려했던 것이지 칼을 지지해서가 아니었기에 이들 역시 칼을
통치자로 받아들이지 않으려 했습니다. 하지만 의회에서 인정을 받은 칼
은 스웨덴에서 최고 권력자가 되었습니다.

시기스문드는 자신에게 반역한 것이나 다름없는 숙부 칼을 응징하려

했으며, 스웨덴 내에서 시기스문드를 지지하는 세력들 역시 칼에게 대항하려 했습니다. 그렇기에 폴란드는 스웨덴을 공격했으며, 스웨덴 내에서도 칼에 대한 반란이 일어났습니다. 하지만 스웨덴 내 반란이 무력으로 진압되고, 폴란드와의 잠깐의 전쟁 역시 스웨덴에 유리하게 끝나면서 시기스문드는 스웨덴 내에서 힘을 점차 잃었으며 칼은 스웨덴 내 권력을 완전히 장악했습니다. 그리고 1599년 소집된 스웨덴 의회에서는 국왕인 시기스문드를 더 이상 국왕으로 인정하지 않기로 합니다.

시기스문드는 스웨덴의 왕위에서 쫓겨났지만 여전히 당시 강대국 중하나였던 폴란드의 국왕이었으며 이것은 그가 여전히 강력한 힘을 가지고 있다는 것을 의미하는 것이기도 했습니다. 시기스문드는 오래도록 자신의 상속 영지인 스웨덴을 다시 찾으려 노력했고 이것은 스웨덴과 폴란드 사이의 관계를 악화시키는 원인 중 하나이기도 했습니다. 하지만 그의 노력은 성공하지 못했고 그는 스웨덴의 국왕 시기스문드라는 이름보다는 폴란드의 국왕 지그문트 3세로 더 잘 알려지게 되었습니다.

5. 어려운 나라를 물려주고 : 칼 9세

스웨덴의 칼 9세Karl IX는 스웨덴의 국왕 구스타브 1세 바사와 그의 두 번째 아내인 마르가레타 레이욘후푸드의 막내아들로 태어났습니다. 그는 아버지로부터 쇠데르만란드 공작령을 받아서 쇠데르만란드 공작이 되었습니다만, 여기에 만족하지 않았습니다. 특히 조카인 시기스문드가 스

칼 9세(1550-1611),
90cm x 118cm, 작가 미상(연도 미상),
스웨덴 국립미술관 소장.

웨덴 내 귀족들과 마찰을 빚자 이때를 기회로 삼아서 스웨덴 내 권력을 장악했습니다. 사실 그는 조카보다 왕위 계승권에서 명분이 약했습니다. 물론 스웨덴에서는 원칙적으로 의회에서 국왕을 선출하기로 했었습니다만, 사실상 장자 상속 제도로 구스타브 1세 바사의 후손들이 왕위를 이어가고 있었고 귀족들 역시 이를 받아들이고 있었습니다. 그렇기에 칼이 국왕이 되려 했을 때 시기스문드를 지지했던 귀족들은 물론 이전에 시기스문드에 대해서 반대 입장을 취했던 귀족들도 상당수가 칼이 국왕이 되는 것에 반대했었습니다.

시기스문드와의 전투에서 승리를 거두면서 권력을 완전히 장악하게 된 칼은 이제 시기스문드를 지지했던 귀족들이나 자신을 반대한 귀족들을 처형하기 시작했습니다. 먼저 핀란드 귀족으로 시기스문드를 지지하

클라우스 플레밍의 시신에 모욕을 가하는 칼 9세, 202cm x 157cm,
Albert Edelfelt 작(1878년), 핀란드 Ateneum 소장.

며 반란을 일으켰던 클라우스 에릭손 플레밍과 관련자들을 1599년 처형
했습니다. 이 처형은 '오보 피바다Abo blodbad'라고 불리는데 클라우스 플
레밍의 두 아들과 관련된 나머지 12명이 사형에 처해졌습니다. 그리고
이미 사망했던 클라우스 플레밍의 시신을 꺼내와서 모욕을 가하기도 했
습니다. 또 1600년에는 자신의 권력 장악을 반대하고 시기스문드를 지
지했던 핵심 귀족들인 에릭 스파레와 구스타브 바네르를 비롯한 다섯 명
을 쇠린핑에서 공개적으로 참수형에 처했는데 이 사건을 '쇠린핑 피바
다Linköpings blobbad'라고 부릅니다.

칼의 이런 행동은 1604년 공식적으로 자신이 스웨덴의 국왕으로 선

출되는 데 방해되는 인물들을 처리하고 왕권을 강화하기 위한 것이었습니다. 칼 9세는 국내 정치 면에서 귀족들을 억누르는 데 성공했습니다만 이전에 칼 9세에게 피해를 입었던 귀족들은 물론 강력한 왕권에 반발하는 귀족들의 불만은 점차 커져갔습니다. 하지만 칼 9세는 이들을 계속 억누를 수 있었는데 당시 스웨덴의 대외적 문제가 국내 문제보다 훨씬 더 심각했기 때문이었습니다.

시기스문드는 비록 스웨덴의 왕위에서는 쫓겨났지만 여전히 폴란드의 국왕으로서 스웨덴의 왕위를 되찾기 위해 스웨덴을 공격할 여력이 남아 있었습니다. 물론 폴란드 역시 대내외적 상황 때문에 스웨덴에만 집중할 수는 없었지만 폴란드의 이익이 스웨덴과 대립하는 경우가 많았기에 자연스럽게 폴란드와 스웨덴 간의 전쟁으로 이어졌습니다. 이것은 왕위를 두고 벌어지는 전쟁이었기에 잠깐의 평화가 유지되기도 했지만 지그문트 3세는 자신이 왕위를 얻을 때까지 도발을 멈추지 않았습니다. 게다가 러시아와의 관계도 애매해졌습니다. 당시 러시아는 정치적·사회적 상황이 혼란스러운 동란시대였습니다. 이런 상황에서 스웨덴은 러시아 내정에 관여해서 이익을 얻으려 했지만 너무나 복잡했던 러시아의 상황 때문에 아무런 성과도 얻지 못했습니다.

또한 스웨덴은 당시 경제적 문제로 인해서 스칸디나비아 지역의 북부 지역인 라플란트 지역을 차지하려 했습니다. 그런데 라플란트 지역은 스웨덴과 노르웨이에 맞닿아 있는 곳이었고 두 나라 간의 국경이 정확하게 구분되지 않는 상황이었습니다. 이런 상황에서 스웨덴이 라플란트 지역에 대한 영유권을 강하게 주장하자 덴마크-노르웨이 연합 왕국에서는 반발했습니다. 이 문제는 스웨덴과 오래도록 갈등을 빚었던 덴마크에 빌미를 주었고 결국 스웨덴은 덴마크와 전쟁을 하게 됩니다. 1611년 시작된 덴마크와의 전쟁인 칼마르 전쟁은 스웨덴에 매우 불리하게 전개되었습니다. 당시 덴마크 국왕이었던 크리스티안 4세는 뛰어난 군인이었습니다. 게다가 칼 9세는 건강이 나빠지고 있었기에 전쟁을 치르기에는 힘든 상황이었습니다. 결국 칼 9세는 칼마르 전쟁이 시작된 지 얼마 되지 않아 사망합니다. 그리고 스웨덴 왕위는 칼 9세의 미성년 아들이었던 구스타브 2세 아돌프가 이어받게 됩니다.

6. 난관을 극복하고 공주님과 결혼한 국왕님 : 구스타브 2세 아돌프

스웨덴에서 역사상 가장 뛰어난 군주로 손꼽히는 인물은 바로 구스타브 2세 아돌프Gustav II Adolf입니다. 구스타브 2세 아돌프가 국왕이 되었을 때 스웨덴은 매우 어려운 상황이었습니다. 하지만 구스타브 2세 아돌프는 이런 위기를 극복하고 스웨덴을 강국의 반열에 올려놓았습니다. 구스타브 2세 아돌프는 정치적으로 매우 조율을 잘 했는데 이전에 아버지 칼 9세 시절 처형을 면한 귀족들을 다시 복권시켰고 그 가족들을 자신의 측근으로 등용했습니다. 그의 이런 처세는 스웨덴 내에서 귀족들의 반발을 잠재웠으며, 구스타브 2세 아돌프가 마음 놓고 대외정책을 펼 수 있는 중요한 계기가 되었습니다. 구스타브 2세 아돌프는 내정에서도 좋은 성과를 보였지만, 군인으로 더 유명한 인물이었습니다. 그는 뛰어난 장군으로 스웨덴군을 개편했습니다. 이런 개편을 통해서 스웨덴군은 작지만 강력한 군대로 성장했으며, 구스타브 2세 아돌프가 이끄는 스웨덴군은 승승장구하게 됩니다.

구스타브 2세 아돌프의 삶은 전설이나 이야기 속의 영웅들과 비슷하기도 합니다. 그는 미성년의 나이로 어려운 상황에 놓인 스웨덴을 물려받았습니다. 하지만 신하들을 잘 설득해서 자신의 편으로 만들었고, 심지어 칼 9세에게 처형당한 가족을 둔 귀족들조차도 그를 지지하게 만들었습니다. 또한 전장에서는 뛰어난 군인이자 야전 사령관으로 그 누구보다도 몸을 사리지 않았습니다. 병사들은 당연히 이런 국왕의 뒤를 따라서 서슴없이 전장에 뛰어들었을 것이며 이것은 구스타브 2세 아돌프를 더욱더 영웅적인 모습으로 비춰지게 만들었을 것입니다.

그리고 이런 멋진 국왕님의 결혼 이야기 역시 고난을 겪은 끝에 아름다운 공주님과 결혼하는 동화 속 이야기와 비슷하게 느껴지기도 합니다.

구스타브 2세 아돌프는 국왕으로 결혼해서 후계자를 얻어야 하는 의무가 있었습니다. 게다가 구스타브 2세 아돌프는 누구보다도 먼저 전장에 뛰어드는 인물이었기에, 언제라도 전장에서 죽을 수 있는 상황이었고 이것은 그가 서둘러 결혼해 후계자를 둬야 하는 이유 중 하나였습니다.

그런 그가 마음에 둔 사람이 있었습니다. 바로 스웨덴 귀족 출신이었던 에바 브라헤라는 여성이었습니다. 아름다웠던 에바 브라헤 역시 멋진 국왕이었던 구스타브 2세 아돌프를 사랑하고 있었으며 둘은 서로 결혼하길 바랐습니다. 하지만 이들의 결혼이 이루어지기에는 정치적으로 너

구스타브 2세 아돌프(1594-1632),
47cm x 64cm,
Jacob Hoefnagel 작(1524년),
스웨덴 로열 아모리 미술관 소장.

무도 복잡한 상황이었습니다. 구스타브 2세 아돌프가 에바 브라헤와 결혼한다면 이전의 구스타브 1세나 요한 3세 시절처럼 에바 브라헤의 친인척들이 이익을 얻을 것이며, 이에 대해 불만을 품는 귀족들 역시 등장할 것이었습니다. 이것은 겨우 안정된 스웨덴의 내정을 다시 불안정하게 만들 수 있었습니다. 뿐만 아니라 구스타브 2세 아돌프의 사촌으로 숙부에게 왕위를 뺏긴 폴란드의 지그문트 3세 역시 여전히 스웨덴 왕위를 노리고 있었고 귀족들 간의 갈등은 이런 지그문트 3세가 귀족들에게 접근할 수 있는 여지를 줄 수 있었습니다.

게다가 당시 스웨덴은 폴란드, 덴마크, 러시아 등의 적들로 둘러싸여 있었으며 외교적으로도 힘든 상황이었습니다. 그렇기에 국왕인 구스타브 2세 아돌프가 동맹이 될 만한 나라의 공주와 결혼하는 것이 스웨덴의

크리스티나 왕비(1573-1625),
90cm x 117cm, 작가 미상(17세기),
스웨덴 국립미술관 컬렉션,
현 Gripsholm Castle 소장.

국익에 도움이 되는 것이기도 했습니다. 외국 공주와의 결혼을 가장 지지한 사람은 바로 구스타브 2세 아돌프의 어머니였던 홀슈타인-고토로프의 크리스티나Kristina av Holstein-Gottorp였습니다. 크리스티나 왕비는 구스타브 2세 아돌프가 신뢰하는 조언자 중 한 명이었습니다만, 구스타브 2세 아돌프는 국왕이었으며 당연히 사랑하는 사람과 결혼하길 원했습니다. 크리스티나 왕비는 자신처럼 강인한 성격의 아들에게 대놓고 결혼을 반대하면 아들이 반발심에서 더욱더 에바 브라헤와 결혼하려 할 것이라고 여겼습니다. 그렇기에 아들보다는 에바 브라헤에게 다가가 국왕과 헤어지라고 그녀를 설득했습니다. 결국 에바 브라헤는 구스타브 2세 아돌프와 헤어지고 구스타브 2세 아돌프의 유능한 장군 중 한 명이었던 야곱 드 라 가르디와 결혼했습니다.

구스타브 2세 아돌프와
에바 브라헤(1596-1674),
60cm x 83cm, 작가 미상(연도 미상),
스웨덴 국립미술관 컬렉션,
현 Gripsholm Castle 소장.

에바 브라헤와 헤어진 뒤 구스타브 2세 아돌프는 스웨덴에 이익이 될 만한 신붓감을 찾게 됩니다. 구스타브 2세 아돌프와 그의 어머니인 크리스티나 왕비가 선택한 신붓감은 브란덴부르크 선제후의 딸이었던 마리아 엘레오노라Maria Eleonora von Brandenburg였습니다. 브란덴부르크의 마리아 엘레오노라는 브란덴부르크 선제후 요한 지기스문트와 그의 아내인 프로이센의 안나의 딸이었습니다. 브란덴부르크 선제후는 북부 독일 지방의 강력한 제후 중 한 명이었을 뿐만 아니라 프로이센 공작령을 상속받을 인물이었습니다. 프로이센 공작령은 폴란드에 속한 지역으로 프로이센 공작은 폴란드 국왕의 봉신이었습니다. 스웨덴과 폴란드 간의 상황을 생각해본다면, 브란덴부르크 선제후를 동맹으로 끌어들이는 것은 스웨덴에 유리한 것이기도 했습니다.

브란덴부르크의 마리아 엘레오노라
(1599-1655), 95cm x 121cm,
Michiel Jansz. van Mierevelt 작(1619년),
스웨덴 국립미술관 컬렉션,
현 Gripsholm Castle 소장.

이 혼담에 대해서 마리아 엘레오노라의 아버지인 브란덴부르크 선제후는 긍정적으로 생각했었습니다만, 마리아 엘레오노라의 어머니인 안나와 오빠인 게오르그 빌헬름은 이를 찬성하지 않습니다. 프로이센 공작의 딸인 안나나 공작령의 상속자로 프로이센 궁정에서 성장했던 게오르그 빌헬름은 당연히 폴란드 국왕의 적이었던 스웨덴 국왕과 동맹을 맺는 것을 원하지 않았습니다. 크리스티나 왕비가 마리아 엘레오노라의 어머니인 안나에게 아들이 베를린을 방문할 것이라고 편지를 보냈을 때 안나는 오지 말라고 답할 정도였습니다. 게다가 이 혼담에 대해서 긍정적으로 생각했던 선제후 요한 게오르그는 구스타브 2세 아돌프가 청혼하러 가기 직전인 1619년 사망했기에 혼담이 성사될 가능성은 더욱더 없어 보였습니다.

1620년 구스타브 2세 아돌프는 목적지가 정해진 여행을 시작합니다. 국왕은 독일의 여러 지역을 거쳐서 결국 브란덴부르크 선제후령의 수도인 베를린에 도착합니다. 아버지의 뒤를 이어서 브란덴부르크 선제후이자 프로이센 공작이 된 마리아 엘레오노라의 오빠인 게오르그 빌헬름은 구스타브 2세 아돌프에게 동생과의 결혼을 허락할 수 없다고 말합니다. 하지만 마리아 엘레오노라의 어머니인 안나는 생각이 좀 달랐습니다. 안나는 아들이 프로이센 공작이 되었지만 공작령에 대한 권리는 자신에게 있다고 생각했기에 아들과 마찰을 빚게 됩니다. 이렇게 되면서 안나는 아들이 반대하는 스웨덴 국왕을 다시 한 번 보는 계기가 되었을 것입니다. 안나와 마리아 엘레오노라는 구스타브 2세 아돌프를 만났고 둘 다 구스타브 2세 아돌프에게 호의적 감정을 갖게 됩니다. 안나는 구스타브 2세 아돌프를 사윗감으로 흡족하게 생각했으며 마리아 엘레오노라는 멋진 국왕인 구스타브 2세 아돌프와 결혼하길 바랐습니다. 안나는 당연히 아들이 이 결혼을 반대할 것을 잘 알고 있었고 아들의 간섭을 피하기 위해서 마리아 엘레오노라를 데리고 아들이 간섭할 수 없는 지역으로 가서 구스타브 2세 아돌프와 결혼 협상을 진행할 정도였습니다. 결국 1620년 구스타브 2세 아돌프는 마리아 엘레오노라와 결혼했습니다.

구스타브 2세 아돌프는 왕자님이 난관을 헤치고 결국 공주님과 만나서 결혼하는 동화 속 이야기 같았습니다. 물론 결혼 후 둘의 삶은 현실이었기에 동화 속 이야기처럼 '오래 오래 행복하게 살았습니다'로 끝나는 못했습니다.

7. "저분이 우리 여왕이시오." : 크리스티나 여왕의 즉위

1632년 봄과 겨울 두 명의 스웨덴 국왕이 사망합니다. 1632년 봄에는 숙부에게 스웨덴 왕위를 뺏겼지만 끝까지 스웨덴 왕위를 되찾으려 했던 폴란드의 지그문트 3세가, 1632년 겨울에는 스웨덴의 위대한 국왕이었던 구스타브 2세 아돌프가 뤼첸 전투에서 전사했습니다.

구스타브 2세 아돌프는 뛰어난 군인이자 군주로 스웨덴을 둘러싸고 있던 사방의 적들과 전쟁을 해서 승리를 거두고 있었습니다. 하지만 스웨덴이 진정한 유럽의 강자가 되는 계기는 바로 30년 전쟁에 뛰어들면서였습니다. 30년 전쟁이 전 유럽으로 확대되면서 스웨덴 역시 전쟁에 휘말릴 위험이 있었습니다. 사실 전쟁에 참전하는 것은 스웨덴에 위험이기도 했지만 기회이기도 했습니다. 그렇기에 스웨덴 의회와 구스타브 2세 아돌프는 "공격이 최선의 방어다."라고 주장하면서 30년 전쟁에 본격적으로 뛰어들었습니다. 그리고 이 결정을 통해서 구스타브 2세 아돌프는 '북방의 사자'라는 별명을 얻게 되었으며 스웨덴은 이후 오래도록 유럽의 강자라는 평가를 받게 됩니다.

구스타브 2세 아돌프가 30년 전쟁에 참전할 무렵, 스웨덴 내부에도 문제가 있었습니다. 그것은 바로 왕위 계승자 문제였습니다. 구스타브 2세 아돌프는 결혼 후 오래도록 남성 후계자를 얻지 못했습니다. 태어난 자녀들은 일찍 죽었으며 유일하게 살아남은 자녀는 딸인 크리스티나 Kristina밖에 없었습니다. 게다가 구스타브 2세 아돌프의 후계자가 될 만한 인물들이었던 동생이나 사촌 등은 모두 일찍 세상을 떠났습니다. 사실 후계자를 결정하지 않는 것은 스웨덴 내부의 분열을 초래할 수 있었는데, 특히 구스타브 2세 아돌프의 사촌이었던 지그문트 3세는 여전히 왕위를 노리고 있었습니다. 지그문트 3세는 스웨덴 귀족들이 자신을 받아들이지 않을 것이라는 것을 알고 있었습니다. 하지만 그의 아들은 다른 문제였습니다. 지그문트 3세는 구스타브 2세 아돌프의 후계자 문제가 불확실한 틈을 노려서 스웨덴 귀족들에게 접근했습니다. 구스타브 2세 아돌프의 후계자로 자신의 아들인 브와디스와프를 선택한다면 귀족들에게 여러 이익을 주겠다고 제안했습니다.

이런 상황에서 구스타브 2세 아돌프는 다른 대안이 없었기에 어린 딸 크리스티나를 후계자로 선택할 수밖에 없었습니다. 구스타브 2세 아돌프는 30년 전쟁에 참전하기 위해서 독일로 가기 전 크리스티나를 정식 후계자로 삼았습니다. 하지만 구스타브 2세 아돌프가 뤼첸 전투에서 전사하자 문제가 되었습니다. 아버지가 전사했을 때 크리스티나의 나이는 고작 5살밖에 되지 않았습니다. 크리스티나가 아무리 정식 후계자로 인정받았다고 하더라도 전쟁 중인 스웨덴을 이끌어나가기에는 무리였습니다. 너무 어렸을 뿐 아니라 여성이라는 것 역시 약점으로 작용했습니다. 당대 사람들의 생각으로는 크리스티나가 나이가 들어도 아버지인 구스타브 2세 아돌프처럼 스웨덴 군대를 이끌고 전장에 참전할 수 있다고는 생각하지 못했기 때문입니다.

이렇게 되자 스웨덴 귀족들 중에는 동요하는 사람들이 생겨났습니다. 그리고 이런 불안감을 이용하려는 사람이 있었습니다. 바로 아버지 지그문트 3세의 뒤를 이어서 폴란드의 국왕이 된 브와디스와프 4세였습니다.

뤼첸 전투(1632), 151cm x 101cm, Carl Wahlbom 작(1855년), 스웨덴 국립미술관 소장.
구스타브 2세 아돌프는 뤼첸 전투에서 전사했다.

브와디스와프 4세 역시 아버지처럼 스웨덴 왕위를 원하고 있었기에 스웨
덴 귀족들에게 접근했습니다. 스웨덴 귀족들 입장에서 봤을 때, 브와디스
와프 4세는 괜찮은 왕위 계승 후보자였습니다. 일단 브와디스와프 4세는
성인 남성인데다 군인으로서의 능력도 어느 정도 있는 인물이었습니다.
어린 여자아이를 국왕으로 받아들여야 하는 것에 불안감을 느끼고 있었
던 귀족들은 브와디스와프 4세를 긍정적으로 볼 수밖에 없었습니다.

하지만 당시 스웨덴을 이끌어가던 섭정단은 브와디스와프 4세가 아
니라 구스타브 2세 아돌프가 후계자로 지명한 크리스티나가 국왕이 되
어야 한다고 주장했습니다. 브와디스와프 4세는 스웨덴으로 외교관을
보냈는데, 이 외교관은 섭정단에게 "구스타푸스 아돌푸스의 딸이 어디

악셀 옥센셰르나(1583-1654),
77cm x 98cm, David Beck 작
(1647-1651년 사이),
스웨덴 로열 아모리 미술관 소장.

있소? 나는 그런 사람에 대해서 들어본 적이 없소."라고 이야기했다고 합니다. 그러자 섭정단 중 한 명이었던 가브리엘 옥센셰르나는 어린 크리스티나를 가리키면서 "저분이 바로 그분이오. 저 눈과 코와 이마는 우리 국왕의 모습이오. 저분이 바로 국왕의 딸이시고, 우리의 여왕이오."라고 말했다고 합니다.

구스타브 2세 아돌프가 가장 신임했던 신하이자 총리였던 악셀 옥센셰르나는 구스타브 2세 아돌프의 유지를 받들어 그의 딸인 크리스티나를 국왕으로 지지했습니다. 의회에서는 루터파가 아닐 경우 스웨덴의 왕위를 이을 수 없다는 조건을 다시 한 번 분명히 했는데 이것은 지그문트 3세에게 그랬던 것처럼 브와디스와프의 왕위 계승을 배제하겠다는 것을 명확히 한 것이었습니다. 또한 이 조항에서 '여성을 배제한다는 것이 없다'는 점을 들어 크리스티나가 스웨덴의 국왕이 되는 것에 문제가 없다는 것을 선포했습니다. 그리고 구스타브 2세 아돌프를 지지했던 장군들이 가장 먼저 크리스티나를 군주로 인정하고 충성을 맹세하자, 곧 스웨덴 내 다른 귀족들 역시 크리스티나를 군주로 인정하게 됩니다.

이렇게 크리스티나는 1632년 다섯 살의 나이로 스웨덴의 군주가 되었습니다.

8. 나 이제 여왕 안 할래 : 크리스티나 여왕의 퇴위

겨우 5살의 나이로 스웨덴의 군주가 된 크리스티나 여왕은 아직 어려 아무것도 몰랐기에 이전에 구스타브 2세 아돌프가 지정했던 섭정단이 나라를 이끌어갔습니다. 그동안 크리스티나는 가정교사나 섭정단의 사람들을 통해서 여러 가지 교육을 받았습니다. 특히 섭정단을 이끌어나갔던 악셀 옥센셰르나는 크리스티나에게 직접 정치를 가르치기까지 했습니다. 이런 섭정단의 교육은 크리스티나가 스웨덴의 국왕으로 성장하기에는 좋은 것이었지만, 인간 크리스티나의 삶에는 부정적 영향을 끼치게 되었습니다.

크리스티나를 가르친 사람들은 대부분 남성들로, 크리스티나는 이들로부터 통치 군주가 되기 위한 교육을 받았습니다. 당대 통치 군주들은 대부분 남성들이었으며, 사람들 역시 통치 군주는 보통 남성이 되어야 한다고 생각했습니다. 남성들로부터 남성의 역할이라고 여겨졌던 통치 군주로 교육받은 크리스티나는 당시 남성들이 가지고 있던 여성들에 대한 편견을 그대로 받아들이게 됩니다. 그리고 이것은 훗날 크리스티나가 자신이 여성인 것이 군주가 되는 데 걸림돌이라고 생각하게 하는 원인이 되었을 것입니다.

게다가 크리스티나는 성장 과정에서 여성들과의 교류가 적었고 이것은 크리스티나가 여성에 대한 편견이 더욱더 심해지는 원인이 되었을 것입니다. 크리스티나의 어머니인 마리아 엘레오노라 왕비는 후계자 문제로 엄청나게 스트레스를 받았는데, 특히 크리스티나가 태어났을 때 크리스티나가 딸인 것을 오래도록 받아들이지 못할 정도였습니다. 게다가 남편이 죽은 뒤 마리아 엘레오노라는 이전까지 그다지 신경쓰지 않았던 딸 크리스티나에게 집착했고, 마리아 엘레오노라의 이런 행동은 크리스티나가 여성이 나약하고 비이성적이라는 당대 편견을 그대로 받아들이는 중요한 원인이 되었습니다.

이후 어머니와 떨어져 고모인 카타리나와 그녀의 가족들과 함께 지내면서 어느 정도 정서적으로 좋아졌지만, 고모인 카타리나는 크리스티나가 성인이 되기 전 죽고 맙니다. 고모가 죽은 뒤 의회에서는 크리스티나의 양육을 위해서 여러 명의 귀족 여성들을 선택했습니다. 한 명이 아니라 여러 명이 크리스티나를 돌보게 된 것은 한 명이 크리스티나를 돌보게 된다면 여왕의 양어머니로 권력을 휘두를 가능성이 있었기에 여왕이 감정적으로 자신을 양육한 사람에게 의지하지 않게 하기 위해서 였습니다. 하지만 이런 상황은 크리스티나가 여성으로 살아가는 데 필요한 감정적인 측면을 교류하고 배우지 못하게 한 원인이 되었습니다.

크리스티나는 어려서부터 똑똑했으며 심지어 데카르트를 초빙해서 공부할 정도였습니다. 악셀 옥센셰르나 역시 크리스티나를 열심히 가르쳤습니다. 크리스티나는 정치적 능력 역시 상당했으며 친정을 하기 전부터 스웨덴의 정치 상황이나 대외 상황에 대해서 꽤 정확하게 보고 있었습니다. 하지만 스웨덴은 오래도록 귀족 중심의 섭정단이 나라를 통치해 왔고 이것은 스웨덴 내 귀족들의 권력이 커지고 상대적으로 왕권은 약해지는 원인이 되었습니다. 그렇기에 크리스티나가 성인이 되어서 친정을 하게 되었을 때 기존의 권력을 가진 귀족들과 갈등을 빚는 원인이 되었습니다. 크리스티나는 군주로 스웨덴이 나아갈 방향에 대해서 자신만의 생각이 있었습니다. 하지만 크리스티나의 생각은 기존 스웨덴의 정책과 다른 부분이 있었고, 기존의 권력을 가진 귀족들은 이를 용납할 수 없었습니다. 그리고 이런 갈등에서 패배한 쪽은 크리스티나였습니다.

게다가 신하들은 크리스티나의 가장 큰 의무가 정치에 참여하는 것이 아니라 결혼해서 후계자를 낳는 것이라고 생각했습니다. 그렇기에 성인이 된 여왕이라면 제일 먼저 남편감을 찾아 결혼해야 한다고 생각했습니다. 크리스티나는 신하들이 자신의 말을 듣지 않고 그저 결혼해서 후계자를 낳는 도구 정도로 여기는 것이 자신이 여성이기 때문이라고 여겼

크리스티나 여왕(1626-1689),
58cm x 72cm,
Sébastien Bourdon 작(연도 미상),
스웨덴 국립미술관 소장.

을 것입니다. 그리고 이런 생각은 아마도 크리스티나가 남성처럼 행동하거나 결혼을 거부하는 모습으로 나타나게 되었을 것입니다.

크리스티나는 스웨덴의 군주로 자신이 원하는 일은 할 수 없고, 자신이 원치 않는 일을 강요당하는 상황을 힘들어했습니다. 특히 건강이 악화되면서 크리스티나는 자신의 행복을 찾아야 한다는 생각을 했으며, 결국 자신의 행복을 위해서 삶의 짐이 되어버린 스웨덴의 왕위를 버리기로 결심합니다.

하지만 크리스티나가 왕위에서 물러나고 싶다고 해서 바로 가능한 일은 아니었습니다. 크리스티나를 지지한 정치적 세력들이 그녀가 왕위에서 물러나는 것을 그냥 두고보고만 있지 않을 것이기 때문이었습니다. 그러나 크리스티나는 자신이 어떻게 왕위에 올랐는지 잘 알고 있었기에

크리스티나 여왕의 기마 모습, 291cm x 383cm, Sébastien Bourdon 작(1653년),
프라도 미술관 소장. 기마 그림은 군주의 권위를 상징하는 것이었다.

왕위에서 물러날 수 있는 방법도 잘 알고 있었습니다. 바로 가톨릭으로 개종하는 것이었습니다. 크리스티나는 귀족들에게 스스로 가톨릭으로 개종했으며 이제 더 이상 왕위에 머물 수 없다고 밝혔습니다. 물론 악셀 옥센셰르나를 비롯한 많은 이들이 여왕의 퇴위를 반대했지만 크리스티나는 자신의 의지를 굽히지 않았고 기어이 퇴위합니다.

1654년 6월 크리스티나 여왕은 스웨덴 왕위에서 물러났습니다. 물론 왕위에서 물러난 크리스티나는 많은 대가를 치러야 했습니다. 정치적 문제로 인해 크리스티나는 바로 스웨덴을 떠나야 했고, 평생 스웨덴에 다시 돌아오지 못했습니다.

2장
팔츠-츠바이브뤼켄 가문

17세기 스웨덴을 통치했던 팔츠-츠바이브뤼켄 가문은 비텔스바흐 가문의 분가 중 하나였습니다.

당대 독일 쪽의 많은 제후 가문들은 '동등 상속 제도'를 선택하고 있었습니다. 이것은 아들들이 아버지의 지위와 영지를 동등하게 상속받을 권리를 갖는 것으로, 이런 경우 아버지가 죽은 뒤 자식들은 아버지의 영지를 분할해서 상속받습니다. 문제는 이런 식으로 여러 세대가 지나면 나눠 받을 영지가 점차 더 줄어들게 되고 몇몇 아들은 영지를 받을 수 없거나 너무 작은 영지를 받게 되기에 살길을 찾아야 했습니다. 이들 중에는 군인으로 공을 세워서 살길을 찾으려는 인물도 있었습니다.

팔츠-츠바이브뤼켄-클리부르크의 요한 카지미르 역시 이런 인물이었습니다. 요한 카지미르는 스웨덴의 칼 9세의 딸인 카타리나와 결혼해서 스웨덴에서 군인으로 살았습니다. 이 요한 카지미르의 아들이었던 칼 구스타브는 스웨덴 공주였던 어머니의 권리를 통해 스웨덴의 국왕 칼 10세 구스타브가 되었고 팔츠-츠바이브뤼켄 가문 출신의 첫 번째 스웨덴 국왕이 되었습니다.

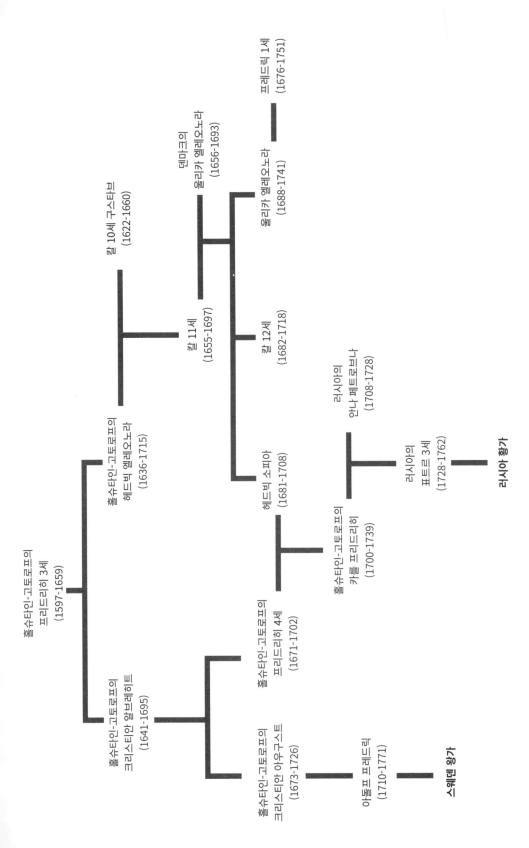

홀슈타인-고토로프의
프리드리히 3세
(1597-1659)

칼 10세 구스타브
(1622-1660)

홀슈타인-고토로프의
헤드비히 엘레오노라
(1636-1715)

덴마크의
울리카 엘레오노라
(1656-1693)

칼 11세
(1655-1697)

프레데릭 1세
(1676-1751)

울리카 엘레오노라
(1688-1741)

칼 12세
(1682-1718)

헤드빅 소피아
(1681-1708)

홀슈타인-고토로프의
카를 프리드리히
(1700-1739)

러시아의
안나 페트로브나
(1708-1728)

러시아의
표트르 3세
(1728-1762)

러시아 황가

홀슈타인-고토로프의
크리스티안 알베레히트
(1641-1695)

홀슈타인-고토로프의
프리드리히 4세
(1671-1702)

홀슈타인-고토로프의
크리스티안 아우구스트
(1673-1726)

아돌프 프레데릭
(1710-1771)

스웨덴 왕가

1. 위대한 외삼촌의 뒤를 따라 : 칼 10세 구스타브

스웨덴의 크리스티나 여왕은 신하들이 자신의 결혼을 중요하게 생각하는 이유를 잘 알고 있었습니다. 바로 후계자 문제 때문이었습니다. 왕위 계승자가 없는 것은 스웨덴 내에서 혼란을 야기할 수 있는 문제였을 뿐 아니라 스웨덴 왕위를 포기하지 않고 있던 이웃의 폴란드 국왕에게 빌미를 제공할 수 있는 것이기도 했습니다. 하지만 크리스티나 여왕은 결혼을 원치 않았는데 가장 큰 이유는 자신이 결혼을 하면 권력이 남성인 남편에게 갈 것이라 여겼기 때문인 듯합니다. 하지만 무작정 결혼을 거부할 수만은 없었습니다. 그렇기에 크리스티나 여왕은 사촌이었던 팔츠-츠바이브뤼켄의 칼 구스타브Karl Gustav av Pfalz-Zweibrücken를 자신의 후계자로 선택합니다.

팔츠-츠바이브뤼켄의 칼 구스타브는 팔츠-츠바이브뤼켄의 요한 카지미르와 그의 아내인 스웨덴의 카타리나의 장남이었습니다. 칼 구스타브의 아버지는 팔츠 가문의 작은 분가 출신이었지만, 어머니인 카타리나는 스웨덴의 칼 9세의 딸이자 구스타브 2세 아돌프가 가장 신뢰한 누나였습니다. 이 때문에 구스타브 2세 아돌프는 딸이자 후계자인 크리스티나를 누나에게 양육하도록 부탁했으며, 이 고모 가족들과 함께 살 때 크리스티나 여왕은 유일하게 행복한 가정 생활을 누릴수 있었습니다. 크리스티나 여왕은 팔츠-츠바이브뤼켄 고종 사촌들과 가까운 사이였으며 이들 역시 크리스티나 여왕과 사이가 좋았습니다. 아마도 가족들은 칼 구스타브가 크리스티나 여왕과 결혼하길 바랐을 것입니다만 크리스티

팔츠-츠바이브뤼켄의 요한 카지미르
(1589-1652), 80cm x 103cm,
David Beck 작(연도 미상), 스웨덴 국립미술관
컬렉션, 현 Gripsholm Castle 소장.

스웨덴의 카타리나((1584-1638),
팔츠-츠바이브뤼켄의 팔츠그라핀,
9.2 cm x 10.5cm, 작가 미상(연도 미상),
스웨덴 로열 아모리 미술관 소장.

나 여왕은 결혼할 마음이 없었기에 이 고종 사촌을 남편감으로 바라보지
는 않았습니다. 대신 여왕은 고종 사촌 역시 루터파이며 구스타브 1세 바
사의 후손이었기에 자신의 후계자가 될 수 있다고 생각했습니다.

악셀 옥센셰르나를 비롯한 핵심 귀족들은 칼 구스타브를 후계자로
찬성하지 않습니다. 그의 가문이 스웨덴 출신이 아닌 이유가 가장 컸습
니다. 비록 영지가 매우 작다고 하더라도 어쨌든 독일 내 영지를 가진 제
후 가문 출신이었던 칼 구스타브에 대해서 스웨덴 귀족들은 이전에 스웨
덴을 통치했던 덴마크 국왕들이나 폴란드 국왕이 된 시기스문드의 사례
를 떠올렸을 것입니다. 하지만 크리스티나 여왕은 강경하게 칼 구스타브

를 자신의 후계자로 지지했고 귀족들의 반대에도 불구하고 1649년 칼 구스타브를 후계자로 만드는 데 성공합니다. 그리고 1654년 크리스티나 여왕이 스웨덴 왕위에서 물러나자 자연스럽게 여왕의 사촌이자 후계자였던 칼 구스타브가 스웨덴의 국왕 칼 10세 구스타브Karl X Gustav가 됩니다.

칼 10세 구스타브는 스웨덴에서 태어나고 자라났으며 국왕이 되기 이전에 외삼촌인 구스타브 2세 아돌프를 따라서 전쟁에 나갔습니다. 그래서 그는 당시 스웨덴의 분위기를 잘 알고 있었고, 어떻게 처신해야 국왕으로 지지를 받을수 있을지 잘 알고 있었습니다. 당시 스웨덴에서는 대단한 인물이었던 국왕 구스타브 2세 아돌프 시절에 대한 좋은 기억이 남아 있었습니다. 사람들은 귀족들과 좋은 관계를 유지했을 뿐만 아니라 뛰어난 군인으로 스웨덴 영토를 확장했던 구스타브 2세 아돌프에 대한 향수가 있었습니다. 칼 10세 구스타브는 스웨덴 사람들이 애착을 가지고 있던 외삼촌을 따라하는 것이 자신에 대해 그다지 호의적이지 않게 생각하는 사람들도 설득할 수 있을 기회가 될 것이라 생각했을 것입니다.

칼 10세 구스타브는 외삼촌처럼 이전에 스웨덴의 적들인 폴란드, 러시아, 덴마크 등과의 갈등에 적극적으로 대처했는데 이것은 전쟁으로 이어지게 됩니다. 전쟁이 계속되던 구스타브 2세 아돌프 시대에는 스웨덴 내부의 통합을 통해서 외적에 대처했었습니다. 칼 10세 구스타브의 대외 정책 역시 강력한 스웨덴의 모습을 강조하며 내부의 결속을 강화하는 데 중점을 두었습니다.

칼 10세 구스타브(1622-1660),
82cm x 102cm,
Sébastien Bourdonl 작(연도 미상),
스웨덴 국립미술관 소장.

칼 10세 구스타브는 국왕이 된 지 6년이 되지 않아 갑작스럽게 병사
했지만, 그의 뒤를 이어받은 칼 10세 구스타브의 아들인 칼 11세Karl XI와
손자인 칼 12세Karl XII는 모두 칼 10세 구스타브와 비슷한 정책을 이어나
갔으며 결국 팔츠-츠바이브뤼켄 가문의 통치 시기는 모두 구스타브 2세
아돌프의 시기처럼 군인이었던 군주가 나라를 통치하는 상황이 되었습
니다.

2. 가문의 영광을 함께한 : 헤드빅 엘레오노라 왕비

칼 10세 구스타브가 1660년 사망했을 때 그의 뒤를 이어 국왕이 된 아들 칼 11세는 겨우 4살이었습니다. 결국 칼 11세는 통치할 수 있는 나이가 아니었기에 섭정단이 구성되었고 신하들과 칼 11세의 어머니였던 홀슈타인-고토로프의 헤드빅 엘레오노라 Hedvig Eleonora av Holstein-Gottorp가 섭정으로 나라를 통치했습니다.

홀슈타인-고토로프의 헤드빅 엘레오노라는 홀슈타인-고토로프의 공작 프리드리히 3세의 딸로 헤드빅 엘레오노라와 칼 10세 구스타브의 결혼은 크리스티나 여왕이 주선한 것이었습니다. 크리스티나 여왕은 퇴

칼 10세 구스타브와 헤드빅 엘레오노라의 결혼식(1654년)
306cm x 212cm, Jürgen Ovens 작(연도 미상), 스웨덴 국립미술관 소장.

헤드빅 엘레오노라 왕비(1636-1715),
65cm x 86cm,
Nicolas Vallari 작(연도 미상),
스웨덴 국립미술관 컬렉션,
현 Gripsholm Castle 소장.

위한 뒤에 사촌인 칼 10세 구스타브의 후계자 문제를 염려했을 뿐만 아니라 정치적 고민도 하게 됐는데, 홀슈타인-고토로프 지역이 스웨덴에서 중요한 지역 중 하나였기에 이들과 동맹을 맺으면 좋을 것이라 생각했습니다. 홀슈타인-고토로프 공작 가문은 덴마크 왕가의 분가 중 하나였습니다. 이들은 오래도록 덴마크 왕가에 충성했지만 30년 전쟁 이후 덴마크 왕가와 홀슈타인-고토로프 공작 가문의 갈등이 눈에 띌 정도로 커지게 되었습니다. 그러자 크리스티나 여왕은 공작 가문과 동맹을 맺는 것이 스웨덴에 유리하다고 판단했습니다.

칼 10세 구스타브와 결혼한 헤드빅 엘레오노라는 결혼 1년 만에 아들 칼을 낳았고 남편인 칼 10세 구스타브가 전쟁에 나설 때 함께 나서는

천사에게서 왕관을 받고 있는 헤드빅
엘레오노라 왕비, Jürgen Ovens 작(1654),
스웨덴 국립미술관 컬렉션,
현 Gripsholm Castle 소장.

등 왕비로서의 역할을 충분히 수행했습니다. 칼 10세 구스타브는 이런 아내를 신뢰했고 결국 사망하기 전에 아내를 섭정단의 일원으로 임명했을 뿐 아니라 아내에게 더욱더 큰 발언권을 부여하기까지 했습니다.

헤드빅 엘레오노라는 남편이 죽은 뒤 다섯 살인 아들의 섭정으로 일하기 시작했습니다. 헤드빅 엘레오노라는 섭정단의 일원으로 섭정단 회의에 열심히 참석했으며 이것은 그녀가 이후 오래도록 스웨덴에서 정치적 영향력을 갖는 중요한 계기가 되었습니다. 헤드빅 엘레오노라는 정치에 자신이 직접 큰 목소리를 내지는 않았고 주로 당시 섭정단을 주도했던 망누스 드 라 가르디의 뜻을 따랐습니다. 하지만 헤드빅 엘레오노라가 아주 정치에 관여하지 않은 것은 아니었는데 특히 왕가와 친정인 홀슈타인-고토로프에 대한 정책에 대해서는 자신의 뜻을 강력하게 주장하곤 했습니다.

　헤드빅 엘레오노라가 최우선에 둔 것은 아들이 무사히 성장해서 안정된 나라를 이어받는 것이었습니다. 그렇기 위해서는 자신과 당시 권력을 장악했던 귀족 세력과의 유대가 필요하다고 느꼈을 것입니다. 헤드빅 엘레오노라는 어느 정도 선까지는 귀족들이 자신들이 원하는 방향으로 정치를 이끌어나가는 것을 용인하면서 정치적 안정을 이루었고, 또한 자신의 요구 역시 관철시킬수 있는 바탕을 마련했습니다. 또 아들의 양육 역시 소홀히 하지 않았습니다. 이런 헤드빅 엘레오노라의 정치적 활동 덕분에 칼 11세는 어머니인 헤드빅 엘레오노라를 신뢰할 수 있는 정치적 조언자로 받아들였습니다. 특히 칼 11세는 결혼 후 아내인 왕비가 있었음에도 아내보다 어머니를 더 신뢰했고, 이 때문에 국왕의 아내인 왕비가 갖는 정치적 영향력을 아내가 아닌 어머니가 계속 가지고 있는 것을 용인했습니다. 이 때문에 헤드빅 엘레오노라는 계속해서 궁정에서 제일 높은 신분의 여성으로 남아 있었고 이것은 며느리와 갈등하는 원인 중 하나가 되었습니다.

　1697년 헤드빅 엘레오노라의 아들인 칼 11세가 사망하고, 칼 11세의 아들인 칼 12세가 15살의 나이로 왕위를 이어받았습니다. 미성년자이기에 이미 섭정으로 경험이 있었던 칼 12세의 할머니인 헤드빅 엘레오노라가 다시 한 번 더 섭정으로 일을 했었습니다만, 그해 연말에 칼 12세가 친정을 하게 되면서 헤드빅 엘레오노라는 섭정의 지위에서 물러났습니다. 하지만 이것은 정치 투쟁으로 인한 실각이 아니라 칼 12세가 친정을 할 능력이 되었기 때문입니다. 헤드빅 엘레오노라는 1693년 며느리가 죽은 뒤 손자손녀들을 돌봤으며 특히 손자인 칼 12세와 큰손녀인 헤드빅 소피아를 매우 아꼈고 그 둘 역시 할머니를 매우 좋아했다고 합니다. 그렇기에 칼 12세 역시 할머니를 신뢰하고 존경했고 할머니의 의견을 존중했습니다.

칼 12세는 미혼으로 지냈으며 이 때문에 할머니인 헤드빅 엘레오노라가 여전히 궁정에서 가장 높은 신분의 여성이었으며 1715년 헤드빅 엘레오노라가 죽을 때까지 그 지위를 유지했습니다.

3. 공주, 왕비라도 고부 갈등은 피할 수 없다 : 울리카 엘레오노라 왕비

스웨덴과 덴마크는 늘 갈등해서 자주 전쟁을 하고 이 전쟁에 따른 평화 협정을 체결하곤 했습니다. 사실 당시 적극적으로 대외 활동을 하던 스웨덴 입장에서 보면 주변 국가들 모두와 전쟁을 하는 것은 무리였기에 어느 한쪽과 전쟁을 하면 다른 쪽과는 평화를 유지해야 할 필요가 있었습니다. 그렇기에 1670년대 스웨덴은 덴마크와의 평화를 모색합니다. 스웨덴에서는 칼 11세가 덴마크의 공주와 결혼해서 덴마크와 평화 조약을 체결한다면 적어도 바로 이웃의 덴마크가 적으로 돌변하는 일을 막을 수 있다고 생각했습니다. 스웨덴에서는 덴마크 국왕 크리스티안 5세의 여

칼 11세(1655-1697),
122cm x 144cm,
David Klöcker Ehrenstrahl 작(1689년),
스웨덴 왕립미술관 컬렉션,
현 Gripsholm Castle 소장.

동생인 울리카 엘레오노라Ulrika Eleonora av Danmark와 칼 11세의 결혼을 추
진했습니다.

    덴마크의 울리카 엘레오노라는 덴마크의 국왕 프레데릭 3세와 브라
운슈바이크-뤼네부르크의 조피 아말리의 딸이었습니다. 울리카 엘레오
노라는 매우 교육을 잘 받았을 뿐 아니라 선량한 성품으로 늘 어려운 사
람들을 도우려 했다고 합니다. 울리카 엘레오노라와 칼 11세 사이의 혼
담이 오가기 시작했을 때 울리카 엘레오노라의 오빠로 당시 덴마크 국왕
이었던 크리스티안 5세는 이 혼담에 대해서 부정적이었습니다. 하지만
울리카 엘레오노라의 어머니는 딸이 스웨덴의 왕비가 되길 원했고 열성
적으로 결혼을 지지했습니다.

울리카 엘레오노라,
112cm x 145cm,
David Klöcker Ehrenstrahl 작(1686년),
개인 소장.

　스웨덴 쪽에서도 이 결혼에 찬성하는 사람만 있는 것은 아니었는데, 바로 국왕의 어머니인 헤드빅 엘레오노라가 이 결혼에 대해서 탐탁지 않아했습니다. 가장 큰 이유는 바로 울리카 엘레오노라가 숙적 덴마크의 공주라는 점이었을 것입니다. 헤드빅 엘레오노라의 친정인 홀슈타인-고토로프 역시 덴마크와 사이가 나빴으며 친정에 대해서 늘 신경썼던 헤드빅 엘레오노라가 덴마크에 부정적으로 생각했던 것은 자연스러운 일이었습니다. 게다가 헤드빅 엘레오노라는 이미 생각해둔 며느리감이 있었습니다. 바로 시누의의 딸이었던 헤센-에슈베게의 율리아네였습니다. 율리아네는 아버지가 죽은 뒤 외숙모인 헤드빅 엘레오노라에게 보내졌고 스웨덴 궁정에서 성장하게 되는데, 많은 이들이 아름다운 율리아네가 사촌인 칼 11세와 결혼해서 스웨덴의 왕비가 될 것이라고 생각했으며 헤드빅 엘레오노라 역시 그렇게 생각했을 것입니다. 하지만 1672년 율리아네는 한 스웨덴 귀족의 아이를 낳았고 결국 스웨덴 왕비가 될 수는 없었습니다.

1675년 덴마크의 울리카 엘레오노라와 스웨덴의 칼 11세의 약혼이 공식적으로 발표됩니다. 하지만 약혼 발표가 있던 그해 덴마크와 스웨덴은 다시 한 번 전쟁에 돌입하게 됩니다. 당연히 원래 동생과 스웨덴 국왕과의 약혼을 못마땅해했던 덴마크의 크리스티안 5세는 동생에게 약혼을 깨고 덴마크의 동맹이 될 만한 나라 쪽 왕족과 결혼하라고 압력을 넣었습니다. 하지만 울리카 엘레오노라는 이를 거절했고 자신은 여전히 스웨덴 국왕의 약혼녀라고 생각했습니다.

1679년 전쟁이 끝나 덴마크와 스웨덴 간의 평화 조약이 체결됩니다. 그리고 이 평화 조약에 따라서 이전에 약혼했던 칼 11세와 울리카 엘레오노라가 결혼식을 올리기로 했습니다. 결국 1680년 덴마크의 공주인 울리카 엘레오노라는 스웨덴의 칼 11세와 결혼해 스웨덴의 왕비가 됩니다.

울리카 엘레오노라는 스웨덴의 왕비가 되었습니다만 스웨덴에는 이미 왕비가 한 명 더 있었습니다. 바로 울리카 엘레오노라의 시어머니인 헤드빅 엘레오노라였습니다. 칼 11세는 어려서 즉위했기에 15년간 미혼으로 지냈고, 그동안 그의 어머니인 헤드빅 엘레오노라가 궁정의 제일 높은 여성으로 궁정을 이끌어갔습니다. 게다가 헤드빅 엘레오노라는 아들의 섭정으로 오래도록 정치에 관여해서 권력은 물론 주변 세력도 가지고 있었습니다. 이런 헤드빅 엘레오노라가 며느리에게 순순히 권력을 넘겨줄 리 없었습니다. 게다가 헤드빅 엘레오노라가 며느리에게 권력을 넘겨주지 않은 것은 단순히 며느리가 못마땅해서만도 아니었습니다. 울리카 엘레오노라는 스웨덴의 숙적 덴마크의 공주였습니다. 이 때문에 헤드빅 엘레오노라를 비롯한 많은 스웨덴 사람들은 스웨덴과 덴마크 사이에 문제가 발생했을때, 덴마크 공주인 새 왕비가 덴마크의 이익을 추구할 것이라고 의심했습니다. 이렇게 정치적으로든 개인적으로든 헤드빅 엘레오노라는 며느리인 울리카 엘레오노라를 경계하고 억눌러야 하는 이유가 있었습니다.

울리카 엘레오노라는 시어머니인 헤드빅 엘레오노라에게 가려졌으며 모든 상황에서 시어머니의 뒤에 있어야 했습니다. 울리카 엘레오노라는 아마도 처음에는 이런 상황을 참았을 테지만 차츰 자신이 스웨덴의 왕비로 대접받아야 한다고 생각했을 것입니다. 하지만 울리카 엘레오노라는 이런 주장을 강하게 할 수 없었습니다. 남편인 칼 11세가 아내인 울리카 엘레오노라가 아닌 어머니 헤드빅 엘레오노라를 지지했기 때문입니다.

사실 칼 11세 역시 덴마크 공주와 정략 결혼했기에 울리카 엘레오노라에게 처음부터 개인적 호감을 가진 것은 아니었습니다. 다른 많은 정략 결혼 이야기들에서처럼 칼 11세 역시 울리카 엘레오노라의 외모에 대해서 불평했는데, 이에 대해서 한 신하는 "폐하께서는 그분 안에 있는 천사를 보실 수 있을 것입니다."라고 했다고 합니다. 당연히 칼 11세는 정치적 관점에서 아내를 바라봤으며 어머니의 뜻을 존중했기에 아내가 왕비로 스웨덴의 정치에 관여할 여지를 주지 않으려 했을 것입니다.

결국 울리카 엘레오노라가 할 수 있는 일은 그저 참는 일밖에 없었을 것입니다. 그리고 시어머니와의 껄끄러운 상황을 피하기 위해서 여러 공적인 일에 나서지 않고 그저 아이를 낳고 기르는 일과 늘 관심을 갖고 있던 자선사업에 열중하는 모습을 보였습니다. 칼 11세는 이런 아내에게 흡족해했으며 점차 더 호의적이 되어갔습니다. 칼 11세는 당대 많은 유럽의 군주들과 달리 정부를 두지 않고 아내에게 충실했으며 또한 아내와의 가정 생활에도 만족했습니다. 이런 모습을 본 스웨덴 사람들 역시 울리카 엘레오노라에 대해서 만족했습니다. 울리카 엘레오노라는 결혼 후 계속해서 아이들을 낳았기에 오랜 만에 스웨덴에 왕위 계승자에 대한 문제를 떨쳐버릴 수 있게 했습니다. 이것 하나만으로도 스웨덴 사람들이 그녀를 호의적으로 볼 수 있었는데, 정치적 권력에서 밀려나 심지어 자신의 정당한 지위마저 인정받지 못했어도, 이를 받아들이고 자선 사업 등에 열중하는 왕비에 대해서 스웨덴 사람들은 더욱더 호의적이 되었습니다.

남편과 스웨덴 국민들의 호의를 얻긴 했어도 울리카 엘레오노라의 마음이 아주 흡족했던 것은 아니었습니다. 아무리 시간이 지나도 시어머니는 여전히 울리카 엘레오노라가 왕비로 누려야 할 모든 것을 차지하고 주려하지 않고 남편 역시 이에 대해서는 확고히 시어머니 편이었기 때문이었습니다. 그렇기에 그녀는 자신이 스웨덴 왕비로 누려야 할 모든 것을 뺏아간 시어머니에 대해서 원망하는 마음이 있었고 늘 시어머니 편만 드는 남편에 대해서도 서운한 감정이 있었을 것입니다. 하지만 왕족이었던 울리카 엘레오노라는 그저 참고 살 수밖에 없었고, 울리카 엘레오노라의 마음이 어떻든 간에 이런 행동으로 울리카 엘레오노라는 좋은 평판을 유지할 수 있었습니다.

울리카 엘레오노라는 결혼 후 거의 매년 아이를 낳았기에 연이은 출산으로 인해 건강을 해쳤습니다. 1690년대가 되자 그녀의 건강은 더욱더 나빠져갔고 결국 1693년 사망하고 맙니다. 울리카 엘레오노라는 죽기 전 남편에게 여러 가지를 당부했습니다. 특히 화려한 장례식 대신 검소한 장례식을 치르고 대신 그 돈으로 가난한 이들을 도와달라고 부탁했습니다.

칼 11세는 아내가 죽은 뒤 매우 상심했습니다. 그는 아내의 유언을 듣지 않고 매우 호화로운 장례식을 치렀습니다. 하지만 역시 그에 상응하는 돈으로 가난한 이들을 도와주었다고 합니다. 아내가 죽은 뒤 칼 11세는 재혼하지 않았으며 어머니에게 아내가 죽은 뒤 더 이상 행복하지 않다고 이야기했다고 합니다.

칼 11세와 가족들(울리카 엘레오노라가 죽은 뒤)
297cm x 301cm, David Klöcker Ehrenstrahl 작(1697년),
스웨덴 국립미술관 컬렉션, 현 Gripsholm Castle 소장.

4. 스웨덴의 영광을 꿈꿨지만 : 칼 12세

스웨덴의 칼 12세는 칼 11세가 사망하자 1697년 15살의 나이로 국왕에 즉위합니다. 그리고 칼 12세가 20살 무렵이었던 1700년 대북방 전쟁이 일어났습니다. 대북방 전쟁은 기본적으로는 스웨덴과 러시아 사이의 발트해를 둔 패권 다툼이었습니다. 특히 당시 러시아를 통치하던 인물은 러시아를 개혁했던 표트르 대제였습니다. 표트르 대제는 내부 개혁을 통해서 얻은 힘을 과시할 필요가 있었습니다. 스웨덴에서도 역시나 군인 군주의 전통을 이어나갔기에 강력한 대외정책을 펴야 했습니다. 이렇기에 두 나라는 맞부딪힐 수밖에 없었습니다. 패권 다툼이었기에 대북방 전쟁은 러시아와 스웨덴이 인접해 있던 폴란드, 덴마크, 북부 독일 지방 (하노버)이 연결되면서 복잡한 국제전 양상이 되었습니다.

전쟁이 시작되자, 늘 그렇듯 스웨덴은 적들에 둘러싸이게 됩니다. 칼 12세는 미성년이었을 때조차도 국정을 장악할 만한 정치적 능력을 가지고 있었으며 또한 이 대북방 전쟁을 통해서 군사적인 능력이 있는 것도 증명했습니다. 마치 위대한 군주였던 구스타브 2세 아돌프처럼 칼 12세도 뛰어난 정치 감각으로 내정을 장악한 것은 물론 뛰어난 군사적 능력을 발휘했던 것입니다. 그는 대북방 전쟁의 초반, 스웨덴의 오랜 숙적이었던 덴마크, 폴란드-리투아니아 연합을 격파했습니다. 그리고 러시아의 공격 역시 만회했습니다.

러시아의 표트르 대제와 칼 12세는 서로가 결전을 해야 한다는 사실을 알았습니다. 그리고 먼저 우세를 잡은 칼 12세는 러시아를 직접 공격

칼 12세(1682-1718),
94cm x 52.7cm
Axel Sparre 작(1715년),
스웨덴 국립미술관 컬렉션,
현 Gripsholm Castle 소장.

했습니다. 하지만 러시아는 그리 만만한 나라가 아니었습니다. 후대에
나폴레옹이나 히틀러도 발목을 잡힌 곳이 바로 러시아였습니다. 이와 마
찬가지로 칼 12세 역시 러시아에서 발목을 잡힙니다. 스웨덴은 러시아
만큼 혹독한 겨울철 기후를 가진 나라였습니다만 러시아처럼 광활한 나
라는 아니었습니다. 또 아무리 추위에 적응했다고 하더라도 스웨덴이나
러시아의 겨울철은 군대가 이동하거나 전투를 할 만한 기후가 아니었습
니다. 특히 러시아의 초토화 작전은 겨울철의 러시아를 공격한 칼 12세
의 군대를 약화시켰고, 결국 칼 12세와 스웨덴군은 러시아에 패배했습
니다. 칼 12세는 측근들과 함께 겨우 러시아의 적이었던 오스만 제국으
로 도망칠 수 있었습니다. 칼 12세의 패배는 그 당시 유럽의 강대국으로
여겨졌던 스웨덴을 한순간 몰락하게 만들었으며, 스웨덴을 꺾은 러시아

1709년 폴타바 전투 후 칼 12세와 이반 마제파, Gustaf Cederström 작(1880년경), 개인 소장.

는 원하던 부동항을 손에 넣었을 뿐 아니라 서방 유럽에 러시아라는 나라를 주목하게 만들었습니다.

칼 12세는 오스만 제국에 머물면서 러시아에 대한 공격을 계속하려 했지만 결국 아무런 소득을 얻지 못한 채 스웨덴으로 다시 돌아왔습니다. 칼 12세는 중요한 핀란드를 러시아에 뺏겼고 스웨덴의 독일 쪽 영지 역시 여러 나라들에게 뺏겼습니다. 그는 다시 한 번 전세를 바꾸기 위해 노르웨이를 공격하려 했지만 결국 36살의 나이로 전사하고 말았습니다. 사실 칼 12세의 죽음은 전투 중에 일어난 것으로 국왕이 어떻게 죽었는지는 명확하지 않았습니다. 그 때문에 칼 12세가 적의 총알이 아닌 스웨덴군의 총에 맞아서 사망했다는 말도 있으며 심지어 스웨덴 왕위를 노리

칼 12세의 시신을 고국으로 데려오다, 371cm x 265cm, Gustaf Cederström 작(1884년),
스웨덴 국립미술관 소장.

고 있다고 알려진 매부 헤센-카셀의 프리드리히의 손에 암살되었다는
설까지 나돌았다고 합니다.

구스타브 2세 아돌프가 스웨덴을 유럽의 강대국 반열에 올린 이후 스
웨덴에서는 강력한 군인인 군주가 나라를 통치하는 것에 대해서 호의적
인 감정을 가지고 있었습니다. 그래서 구스타브 2세 아돌프 이후 스웨덴
군주들은 그의 뒤를 따르려 했습니다. 특히 칼 12세의 할아버지인 칼 10
세 구스타브부터 아버지인 칼 11세를 거쳐서 칼 12세까지 모두 구스타
브 2세 아돌프처럼 주변 여러 국가와 전쟁을 통해서 강력한 스웨덴을 유
지하려 애썼습니다. 아마 칼 12세는 구스타브 2세 아돌프 만큼 뛰어난 군
인이었을 것입니다. 그리고 구스타브 2세 아돌프처럼 전장에서 전사했

습니다. 하지만 크리스티나 여왕이 아버지의 죽음에 대해서 "영광 속에 돌아가셨다."라고 이야기했던 것과 달리, 칼 12세의 죽음은 스웨덴의 몰락을 가속하는 것이었습니다. 게다가 칼 12세는 미혼으로 후계자 없이 사망했고, 국왕의 전사로 혼란해진 스웨덴을 더욱더 혼란에 빠뜨리는 원인이 되었습니다.

5. 자유시대의 시작 :
울리카 엘레오노라 여왕의 왕위 계승

군주제를 채택한 나라의 가장 큰 고민은 바로 후계자 문제일 것입니다. 군주에게 후계자가 없다면, 나라가 아무리 부강해져도 후계자를 선정하기 위한 내분이 일어날 것이고, 결국 이전의 업적은 사라질 것이기 때문입니다. 이런 문제는 비단 스웨덴뿐 아니라 다른 많은 나라들에게도 마찬가지였습니다. 칼 12세와 싸웠던 표트르 대제도 죽기 직전까지 후계자를 내세우지 못했고 그 결과 러시아도 복잡한 문제에 빠져들었습니다. 스웨덴 역시 같은 상황에 직면했습니다. 칼 12세는 어려서부터 전장에서 살았기에 결혼할 시간적 여유가 없었습니다. 결국 칼 12세는 후계자 문제에서 자신이 결혼해서 후계자를 얻는 대신 누나나 동생들에게로 후계자 문제를 떠넘겨버렸습니다.

칼 12세가 즉위한 뒤, 그와 남매 사이인 헤드빅 소피아Hedvig Sofia와 울리카 엘레오노라Ulrika Eleonora den yngre가 후계자 후보가 됩니다. 헤드빅 소피아는 정치적 목적으로 사촌이었던 홀슈타인-고토로프 공작 프리드리히 4세와 결혼했습니다. 이것은 전통적으로 덴마크를 견제하려는 정책이었는데 아마도 할머니인 헤드빅 엘레오노라의 입김이 크게 작용했을 것입니다. 하지만 헤드빅 소피아는 어린 시절부터 알고 지낸 사촌을 좋아하지 않았다고 합니다. 헤드빅 소피아는 스웨덴 왕위 계승자로서의 자신의 지위를 좋아했으며 이 때문에 자주 남편의 궁정이 아니라 스웨덴으로 와 있었다고 합니다. 헤드빅 소피아는 남편과의 사이에서 아들인 카를 프리드리히를 낳았습니다.

칼 12세의 누나인 헤드빅 소피아가 왕위 계승자로 거의 확실해 보였지만, 동생인 울리카 엘레오노라도 점차 부상했습니다. 이에 많은 사람들이 울리카 엘레오노라와의 혼담도 입에 올렸지만 결국 잘 성사되지 않은 채 오래도록 미혼으로 지냈습니다.

1708년 헤드빅 소피아가 사망하면서, 왕위 계승자로서 울리카 엘레오노라의 입지가 강화됩니다. 하지만 이들의 할머니로 정치적 영향력을 가지고 있던 헤드빅 엘레오노라는 헤드빅 소피아의 아들인 홀슈타인-고토로프의 카를 프리드리히를 칼 12세의 후계자로 지지했습니다. 헤드빅 엘레오노라는 카를 프리드리히의 어머니인 헤드빅 소피아를 예뻐했을 뿐만 아니라 친정 조카의 아들이기도 했던 카를 프리드리히가 스웨덴 국왕이 되길 바라고 있었습니다. 카를 프리드리히를 왕위 계승자로 만들기 위해서 헤드빅 엘레오노라는 또 다른 왕위 계승 후보이자 손녀였던 울리카 엘레오노라의 결혼에 적극적이었습니다. 울리카 엘레오노라가

카를 프리드리히(1700-1739)와
헤드빅 엘레오노라(1636-1715),
122cm x 150cm,
David von Krafft 작(1704년),
스웨덴 국립미술관 컬렉션,
현 Gripsholm Castle 소장.

외국의 왕족과 결혼해서 스웨덴을 떠난다면 울리카 엘레오노라의 정치적 중요성이 떨어져서 왕위 계승자의 지위에서 멀어질 수 있다고 생각했기 때문입니다.

1710년 울리카 엘레오노라는 헤센-카셀의 프리드리히Friedrich von Hessen-Kassel에게서 결혼 제안을 받게 됩니다. 울리카 엘레오노라는 헤센-카셀의 프리드리히에게 반해서 그와 결혼하길 원했고 프리드리히 역시 스웨덴의 왕위 계승자가 될지도 모를 울리카 엘레오노라와의 결혼을 나쁘지 않게 생각했습니다. 그리고 무엇보다 할머니인 헤드빅 엘레오노라가 이 혼담을 지지하였기에 결국 성사되어 1715년 울리카 엘레오노라는 헤센-카셀의 프리드리히와 결혼식을 올렸습니다.

울리카 엘레오노라 여왕(1688-1741),
135cm x 210cm, Johan Starbus 작(연도 미상),
스웨덴 국립미술관 소장.

하지만 결혼 후 울리카 엘레오노라는 스웨덴에 머물게 되는데 특히 그녀의 남편인 프리드리히는 스웨덴군으로 칼 12세의 휘하에서 전쟁에 참여하기까지 했습니다. 게다가 헤드빅 엘레오노라가 1715년 겨울 사망하면서 울리카 엘레오노라는 스웨덴의 왕위 계승을 위해 더욱더 한 발자국 나가게 됩니다.

칼 12세는 죽기 전까지 동생인 울리카 엘레오노라와 조카인 카를 프리드리히 중 어느 누구 하나를 명확한 왕위 계승자로 지목하지 않았습니다. 그래서 스웨덴에서는 칼 12세가 갑작스럽게 전사하자, 누구를 국왕으로 해야 하는가에 대해서 고민하게 됩니다. 혈통상으로 볼 때 카를 프리드리히와 울리카 엘레오노라 둘 중 한 명이 국왕이 되는 것이 맞았습니다만, 복잡한 상속법에 따르면 둘 다에게 계승권이 없는 상황이었습니다. 스웨덴은 '여왕'을 인정하는 나라였지만, 당시 스웨덴 왕가였던 비텔스바흐 가문은 여성의 계승권을 인정하지 않았습니다. 다시 말해서 비텔스바흐 가문의 상속법에 따르면 여성인 울리카 엘레오노라는 물론 어머니를 통해서 스웨덴 왕위 계승 권리를 주장하는 카를 프리드리히에게도 상속 권리가 없었으며, 스웨덴 왕위는 제일 가까운 비텔스바흐 가문의 다른 남성 후계자에게 돌아가야 한다는 것이었습니다. 하지만 스웨덴 귀족들은 생소한 외국 왕족이 와서 국왕이 되는 것을 원치 않았습니다.

이 상황을 해결하기 위해 울리카 엘레오노라는 자신과 조카 중 왕위를 이어받을 사람을 의회가 결정하도록 선언했습니다. 다시 말해서 계승법에 따르면 둘 다 자격이 없기에 스웨덴 의회의 결정을 따르겠다는 것이었습니다. 그리고 의회는 1718년 울리카 엘레오노라를 스웨덴의 여왕으로 선출했습니다.

결국 왕권이 아니라 의회 권력, 다시 말해 귀족 권력이 왕권보다 더 강해지는 계기를 마련합니다. 이후 구스타프 3세가 의회에 대해서 쿠데타를 일으켜 왕권을 강화할 때까지 국왕은 의회의 눈치를 보게 되고, 스웨덴의 귀족들이 국정을 장악하게 됩니다. 이 시대를 스웨덴에서는 '자유시대frihetstiden'라고 부릅니다.

6. 보답받지 못한 사랑 : 울리카 엘레오노라 여왕

울리카 엘레오노라는 의회의 선택을 받았고 이 때문에 권력의 많은 부분을 의회에 넘겨주었습니다. 이렇게 울리카 엘레오노라는 여왕이 되었지만 곧 왕위에서 물러납니다. 바로 사랑하는 남편 프리드리히에게 스웨덴 왕위를 넘겨주기 위해서였습니다.

울리카 엘레오노라는 야심 가득찬 남편 프리드리히를 위해서 스웨덴 왕위를 원했던 것이었습니다. 아마도 어린 시절부터 뛰어난 오빠와 언니에게 가려진 채 할머니의 사랑도 얻지 못했던 울리카 엘레오노라가 왕위를 얻기 위해 정치적인 노력도 마다하지 않았던 것은 사랑하는 남편을 위해서였습니다. 울리카 엘레오노라는 잉글랜드의 윌리엄 3세와 메리 2세처럼 공동 군주로 즉위해서 스웨덴을 통치하길 원했습니다. 아마 사랑하는 남편과 함께 왕위를 누리고 싶었을 것입니다. 하지만 의회는 울리카 엘레오노라의 바람을 거절했습니다. 외국인인 프리드리히가 스웨덴의 국왕이 된다면 이전에 외국인 국왕 때문에 혼란했던 스웨덴의 상황이 다시 재현될 것이라고 생각했을 것입니다.

결국 울리카 엘레오노라는 결국 의회와 다시 한 번 타협합니다. 자신의 남편에게 스웨덴 왕위를 양위하고 여왕이 아닌 왕비로 남겠다고 한 것이었습니다. 스웨덴 의회는 결국 그녀의 뜻을 수용해, 1720년 헤센-카셀의 프리드리히는 스웨덴의 국왕 프레드릭Fredrik이 되었고 울리카 엘레오노라는 스웨덴의 왕비가 되었습니다.

프레드릭과 울리카 엘레오노라,
77cm x 92cm, Georg Engelhard
Schröder 작(연도 미상),
스웨덴 국립미술관 소장.

프레드릭은 아내 덕분에 스웨덴의 국왕이 되었지만 다른 많은 유럽의 군주들처럼 아내 외 다른 여성들과 잦은 연애를 일삼았습니다. 특히 왕권이 더욱더 약해지면서 프레드릭이 의회의 간섭을 배제한 채 할 수 있는 일이 점점 줄어들었고, 결국 그는 정치에 신경을 쓰지 않고 궁정 여성들과 연애질을 하면서 즐거운 삶을 살려 했습니다. 이것은 아내인 울리카 엘레오노라에게 상처를 주는 일이었을 것입니다. 물론 울리카 엘레오노라는 왕비로서의 체면이 있었기에 당대 많은 왕비들처럼 남편이 한눈 파는 것을 눈감아줬습니다.

하지만 프레드릭은 여성들과 단순 연애에 그치는 것이 아니라 늘 함께 살 정부가 될 여성을 찾았습니다. 프레드릭은 스웨덴 귀족 출신으로 자신보다 38살이나 어린 헤드빅 타우베를 정식 정부로 삼았고 그녀와 함

여인의 초상(헤드빅 타우베로
추정), 40cm x 48cm,
Gustaf Lundberg 작(18세기),
스웨덴 국립미술관 소장.

께 살면서 아이를 여럿 낳았습니다. 울리카 엘레오노라는 결혼 후 유산
만 했을 뿐 아이를 낳지 못했었기에 남편이 어린 여자와 살면서 자녀를
낳고 지낸 것은 그녀에게 큰 상처가 되었습니다. 하지만 울리카 엘레오
노라는 남편의 행동을 모르는 척 눈감아 주었는데 가장 큰 이유는 정치
적 문제에 있었습니다. 국왕이 정부를 두고 사는 것에 대해, 특히 성직자
들이 이를 용납하지 않을 것이 분명했고 또 프레드릭보다 울리카 엘레오
노라를 더 좋아했던 스웨덴 국민들 역시 불쾌하게 여길 것이기 때문이었
습니다.

울리카 엘레오노라는 이 문제에 대해 함구하고 싶어 했지만 결국 국
왕이 정부와 함께 살면서 아이들을 낳았다는 이야기가 퍼져나갔으며 이
는 마침내 정치적 문제로 발전했습니다. 스웨덴 사람들은 왕위마저 남편

에게 췄던 울리카 엘레오노라가 배신당했다는 사실에 분개했고 국왕과 국왕의 정부를 용납할 수 없었습니다. 이 문제는 지속적으로 사람들의 입에 오르내리게 되는데, 남편의 외도를 외면하기만 했던 울리카 엘레오노라 역시 이제 남편과 남편의 정부를 용납할 수 없다는 뜻을 밝히게 됩니다. 결국 의회는 국왕에게 정부와 헤어지라고 강요했고, 국왕은 의회가 자신의 사생활에 관여한다고 화를 냈지만 헤드빅 타우베는 국왕의 정부로 죄악에 빠진 삶을 살고 있다는 것을 울면서 시인했습니다. 헤드빅 타우베와 프레드릭은 잠시 헤어지기도 했지만 의회가 해산한 뒤 둘은 다시 만나서 살았습니다.

늙고 지친 울리카 엘레오노라는 이런 상황을 힘들어 했을 것입니다. 하지만 울리카 엘레오노라는 오래 이런 상황을 견디지는 않아도 됐습니다. 1741년 11월 천연두로 사망했기 때문입니다. 당시에는 울리카 엘레오노라가 독살당했을 수 있다는 소문이 퍼졌지만, 장례식 때 울리카 엘레오노라의 시신에 천연두로 인한 흉터가 그대로 드러났기에 독살에 대한 소문은 사그라들었습니다.

울리카 엘레오노라가 세상을 떠난 뒤 헤드빅 타우베 역시 오래지 않아 사망합니다. 프레드릭은 재혼해서 적자를 얻는다고 하더라도 자신의 자녀가 왕위에 오를 보장이 없다는 것을 잘 알고 있었기에 재혼하지 않은 채 여러 여성들과 연애만 하며 지냈습니다.

3장
홀슈타인-고토로프 가문

홀슈타인-고토로프 가문은 덴마크 왕가의 분가였습니다. 덴마크의 국왕 프레데릭 1세는 덴마크 왕위는 장남 크리스티안 3세에게 물려줬지만 홀슈타인-고토로프 공작령은 아들들에게 분할 상속했습니다. 그리고 이 중 셋째아들인 아돌프는 슐레스비히-홀슈타인 공작령 가운데 고토로프 지역을 중심으로 하는 영지를 물려받았으며 이후 그의 후손들은 홀슈타인-고토로프 공작으로 알려지게 됩니다.

홀슈타인-고토로프 가문은 덴마크는 물론 스웨덴을 비롯한 여러 왕가와 통혼 관계를 유지했습니다. 그리고 이런 연결고리 덕분에 이 가문은 러시아의 황위를 이어가게 되었을뿐 아니라 스웨덴의 왕위도 얻게 되었습니다.

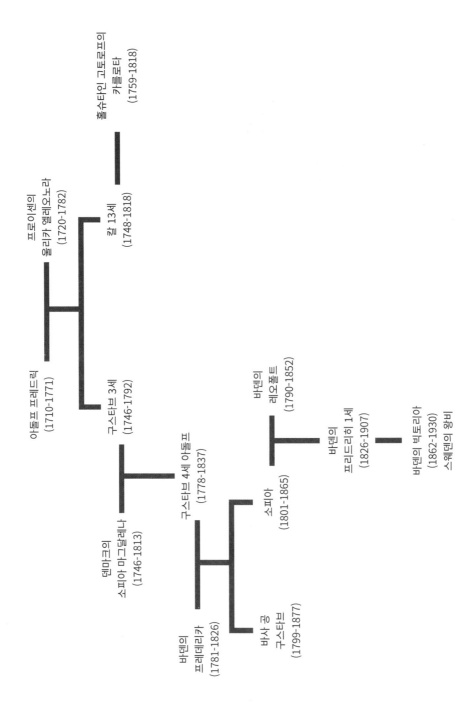

홀슈타인 고토르프의
카를로타
(1759-1818)

프로이센의
울리카 엘레오노라
(1720-1782)

칼 13세
(1748-1818)

아돌프 프레드릭
(1710-1771)

구스타브 3세
(1746-1792)

바덴의
레오폴트
(1790-1852)

구스타브 4세 아돌프
(1778-1837)

바덴의
프리드리히 1세
(1826-1907)

덴마크의
소피아 마그달레나
(1746-1813)

소피아
(1801-1865)

바덴의 빅토리아
(1862-1930)
스웨덴의 왕비

바덴의
프레데리카
(1781-1826)

바사 공
구스타브
(1799-1877)

1. 울리카 엘레오노라 여왕 사후 왕위 계승 문제 :
아돌프 프레드릭

울리카 엘레오노라는 남편인 프레드릭 사이에서 자녀를 얻지 못하고 사망했습니다. 비록 프레드릭은 이미 정부와의 사이에서 자녀가 있었고 재혼한다면 자녀를 얻을 가능성이 있었습니다. 하지만 프레드릭은 울리카 엘레오노라에게서 양위를 받아서 왕위에 올랐고 이 때문에 스웨덴 사람들은 울리카 엘레오노라의 자녀가 아닌 프레드릭의 자녀를 왕위 계승자로 받아들이기를 원치 않았습니다.

만약 국왕의 힘이 강했다면, 프레드릭은 스웨덴 사람들의 반발을 무시하고 재혼해서 자녀를 얻어 그 자녀에게 왕위를 이어가게 하려 했을 것입니다. 하지만 이전에 울리카 엘레오노라가 왕위를 이어받기 위해서 의회와 귀족들에게 많은 것을 양보했으며 이 때문에 귀족들의 힘이 강해진 상황이었습니다. 그렇기에 국왕 프레드릭은 자신의 후계자 문제에 대해서 발언력이 없었습니다. 특히 그는 자신과 울리카 엘레오노라 사이에 자녀가 태어나지 않자 자신의 조카인 헤센-카셀 가문 사람을 후계자로 삼으려 했고 울리카 엘레오노라도 이에 대해서 긍정적으로 생각했었지만 스웨덴에서는 이를 받아들이지 않았습니다. 이것은 스웨덴 사람들이 프레드릭을 국왕으로 받아들이긴 했지만 이전 왕가와 직접적·혈연적으로 관련이 없는 인물을 국왕으로 선출하는 것에 대해서 거부감을 가지고 있다는 것을 의미하기도 했습니다. 결국 스웨덴에서는 적당한 왕위 계승자를 찾아야 했습니다.

이때 팔츠-츠바이브뤼켄 가문 출신의 국왕들과 혈연적으로 가장 가까운 후손은 바로 홀슈타인-고토로프의 카를 페테르Karl Peter Ulrich von Schleswig-Holstein-Gottorf였습니다. 카를 페테르의 할머니는 칼 11세의 딸이자 울리카 엘레오노라 여왕의 언니였던 헤드빅 소피아였으며 카를 페테르의 아버지는 바로 이모인 울리카 엘레오노라와 스웨덴 왕위 계승을 두고 다툼을 했던 홀슈타인-고토로프의 카를 프리드리히였습니다. 왕위 계승에서 이모에게 밀렸지만, 후계자 문제가 거론될 때마다 카를 프리드리히는 여전히 스웨덴의 왕위 계승 후보자였습니다. 카를 프리드리히는 스웨덴 왕위 계승에 유리한 위치를 차지하기 위해서 러시아의 표트르 1세와 예카테리나 1세의 딸이었던 안나 페트로브나와 결혼합니다. 칼 12세가 러시아에 패배한 뒤 스웨덴은 러시아에 눈치를 보는 상황이었습니다. 그렇기에 카를 프리드리히는 안나 페트로브나와 결혼해서 러시아의 힘을 등에 업으면 스웨덴의 왕위를 얻는 데 좀 더 도움이 될것이라고 여겼습니다. 게다가 예카테리나 1세의 딸이었던 안나 페트로브나는 여제의 후계자로도 거론되는 사람이었기에 결국 어쩌면 러시아 황위를 얻을 가능성도 있었습니다. 하지만 카를 프리드리히는 이런 여러 가지 노력에도 불구하고 스웨덴 왕위나 러시아 황위를 얻지 못했습니다만, 반면 그의 아들 카를 페테르는 아버지가 누리지 못했던 행운을 누리게 되었습니다.

1739년 홀슈타인-고토로프의 카를 프리드리히가 사망한 뒤, 스웨덴에서는 카를 프리드리히의 아들이었던 카를 페테르를 왕위 계승자로 지지하는 사람들이 많았습니다. 그리고 1741년 11월 울리카 엘레오노라가 사망하면서 카를 페테르가 왕위 계승자가 될 가능성이 더욱더 높아졌습

러시아 표트르 3세(1728-1762)
(홀슈타인-고토로프의
카를 페테르), 99.2cm x 124.4cm,
Georg Cristoph Grooth 작(1743년),
러시아 Tretyakov Gallery 소장.

니다. 하지만 카를 페테르는 스웨덴의 국왕이 될 운명이 아니었습니다.

1741년 12월 표트르 대제의 딸이자 카를 페테르의 이모였던 엘리자베타 페트로브나가 쿠데타를 일으켜서 아기였던 이반 6세와 그의 어머니였던 섭정 안나 레오폴도브나를 몰아내고 러시아의 황제가 됩니다. 엘리자베타 여제는 황제가 된 뒤 바로 자신의 후계자로 조카인 홀슈타인-고토로프의 카를 페테르를 지정했습니다. 이렇게 홀슈타인-고토로프의 카를 페테르는 러시아의 황태자 표트르 표도로비치 대공이 되었으며, 후에 러시아의 황제 표트르 3세가 됩니다.

이렇게 가장 유력한 왕위 계승 후보자를 러시아에 뺏기게 되면서 스웨덴에서는 다시 왕위 계승자가 될 사람을 찾아야 했습니다. 이때 러시

러시아의 옐리자베타 여제
(1709-1762),
작가 미상(18세기),
러시아 Tretyakov Gallery 소장.

아의 옐리자베타 여제가 스웨덴에 접근합니다. 여제는 스웨덴의 왕위를
조카의 오촌 아저씨였던 홀슈타인-고토로프의 아돌프 프리드리히가 잇
길 원했습니다. 여제는 아마 스웨덴 왕위를 조카의 가문에서 얻는다면
러시아에 이익이 될 것이라고 여겼을 것입니다. 게다가 여제는 젊은 시
절 아돌프 프리드리히의 형과 약혼했었지만 그의 이른 사망으로 결혼할
수 없었고, 이 때문에 아돌프 프리드리히와 형제 자매들에게 호의적인
감정을 가지고 있었다고 합니다. 그렇기에 여제는 조카며느리로 아돌프
프리드리히의 조카이기도했던 안할트-제브르스트의 조피를 선택하기
기도 했습니다.

이때 스웨덴은 러시아와의 전쟁에서 패배했고, 러시아는 핀란드를

점령한 상황이었습니다. 그리고 여제는 스웨덴이 아돌프 프리드리히를 왕위 계승자로 선출한다면 스웨덴에 이익을 줄 것이라고 했고 스웨덴의 귀족들은 이를 지지했습니다. 하지만 스웨덴의 이웃이자 숙적이었던 덴마크 역시 스웨덴 왕위를 노립니다. 덴마크의 국왕 크리스티안 6세는 자신의 아들이자 후계자였던 프레데릭이 스웨덴 왕위를 이어받길 바랐습니다. 그리고 이를 위해서 영국과 손을 잡는데, 조지 2세의 딸인 루이자와 아들을 결혼시켜서 아들이 스웨덴의 왕위를 얻는 데 도움이 되길 원했습니다. 스웨덴에서도 주로 농민들이 러시아와의 전쟁에서 덴마크와 노르웨이 왕국의 도움을 기대하면서 프레데릭을 왕위 계승자 후보로 지지했습니다. 이 때문에 스웨덴에서는 왕위 계승자 결정이 늦어지게 되었고 왕위 계승자 선출에 갈등이 커져서 무력 충돌이 일어나기까지 했습니다. 하지만 결국 귀족들이 지지했던 홀슈타인-고토로프의 아돌프 프리드리히가 스웨덴의 왕위 계승자로 선출되었으며 국왕 프레데릭이 죽은 뒤 뒤를 이어서 스웨덴의 국왕 아돌프 프레드릭Adolf Fredrik이 되었습니다.

2. 남편이 안한다면 나라도 쿠데타를 하겠어 : 로비사 울리카 왕비

아돌프 프레드릭이 왕위 계승자로 선출되었을 때 그는 미혼이었기에 서둘러 신붓감을 찾아야 했습니다. 스웨덴에서는 후계자 문제로 오래도록 골치 아팠기에 새로 선출된 왕위 계승자가 서둘러 결혼해서 후계자가 될

아돌프 프레드릭(1710-1771),
114cm x 145cm,
Antoine Pesne 작(1743년),
스웨덴 국립미술관 컬렉션,
현 Gripsholm Castle 소장.

자녀를 얻길 바랐습니다. 당연히 스웨덴에서는 외교적으로 도움이 될 유럽 통치 가문 출신의 여성이 왕위 계승자의 아내가 되길 원했습니다. 그리고 스웨덴이 선택한 인물은 프로이센의 공주였던 루이제 울리케였습니다.

프로이센의 루이제 울리케는 프로이센의 국왕 프리드리히 빌헬름 1세와 그의 아내인 하노버의 조피 도로테아의 딸로 태어났습니다. 아버지인 프리드리히 빌헬름 1세는 강력한 군주로 프로이센을 통치했던 인물이었으며 어머니인 조피 도로테아는 하노버의 선제후로 영국의 국왕이 된 조지 1세의 딸이기도 했었습니다. 특히 루이제 울리케의 오빠는 바로 '프리드리히 대왕'이라고 알려진 프로이센의 프리드리히 2세였습니다.

루이제 울리케를 스웨덴의 왕위 계승자 부인으로 점찍은 인물은 바로 러시아의 옐리자베타 여제였습니다. 여제는 이때 프로이센과의 관계에 호의적이었는데, 사실 조카를 프로이센 공주와 결혼시키려고 생각하기도 했습니다. 비록 정치적인 문제로 프로이센 공주를 조카며느리로 얻지는 못했지만, 대신 여제는 스웨덴의 왕위 계승자 부인으로 프로이센 공주를 추천했습니다. 이미 러시아의 영향 하에 아돌프 프레드릭을 왕위 계승자로 선출했던 스웨덴에서는 당연히 러시아가 추천하는 왕태자비 후보에 대해서 호의적이었습니다. 그리고 루이제 울리케의 오빠였던 프로이센의 프리드리히 2세 역시 이 혼담을 좋게 생각했습니다.

프리드리히 2세는 루이제 울리케보다 좀더 순종적이었던 막내 여동

로비사 울리카(1720-1782),
111.7cm x 150.3cm,
Antoine Pesne 작(1744년),
독일 Gemäldegalerie 소장.

생인 안나 아말리가 스웨덴의 왕태자비로 더 적합하다고 생각했었지만 결혼 협상을 위해 왔던 스웨덴 사절은 강인한 성격의 루이제 울리케가 더 적합하다고 생각했습니다. 게다가 루이제 울리케는 스웨덴과 연결고리도 있었는데, 루이제 울리케가 태어났을 때 스웨덴과 프로이센 간의 평화 협정이 체결되었으며, 이를 기념해서 당시 막 남편에게 양위하고 왕비가 되었던 스웨덴의 울리카 엘레오노라가 루이제 울리케의 대모가 되어주었고, 울리케라는 이름 역시 대모였던 울리카 엘레오노라의 이름을 딴것이기도 했습니다.

1744년 프로이센의 루이제 울리케는 스웨덴의 왕위 계승자였던 아돌프 프레드릭과 결혼하면서 스웨덴 왕위 계승자의 부인이 되었고 이후 스웨덴식으로 로비사 울리카Lovisa Ulrika라는 이름으로 알려지게 됩니다.

로비사 울리카는 결혼 후 스웨덴의 정치 상황에 대해서 불만을 품게 됩니다. 그녀는 왕권이 매우 강했던 프로이센 출신이었기에 왕권이 매우 약했던 스웨덴의 상황이 불만이었던 것입니다. 하지만 로비사 울리카는 단순히 외국인 왕비로 스웨덴을 이해하지 못하고 불만을 품은 것이 아니었습니다. 스웨덴은 이전 시대에 강력한 군인 출신의 군주가 나라를 이끌어 가면서 강대국으로 군림한 적이 있었습니다. 바로 구스타브 2세 아돌프가 국왕이었던 시기가 가장 대표적이었습니다. 그래서 스웨덴 사람들 중에서도 스웨덴이 여러 나라들의 눈치를 보는 상황이 약화된 왕권 탓이라고 생각하는 사람들이 있었습니다. 강력한 군대를 이끌고 나라를 통합했던 국왕이 사라지고, 귀족들이 국익이 아닌 자신들의 이익을 위해서 정치를 운영하고 있다고 생각한 것입니다. 이런 사람들은 국왕이 다시 한 번 강력한 권력을 가진다면 이웃나라의 눈치나 보는 스웨덴이 아니라 다시 한 번 위대한 스웨덴을 건설할 수 있다고 여겼습니다.

스웨덴으로 온 로비사 울리카는 처음에는 스웨덴 사람들에게 환영받았습니다. 특히 결혼 후 바로 세 아들과 한 명의 딸을 낳았고 이것은 늘 국왕의 후계자 문제로 골치 아팠던 스웨덴 사람들이 기뻐할 만한 일이기도 했습니다. 이렇게 로비사 울리카는 스웨덴에서 자리 잡았고, 이후 왕위 계승자의 부인으로 왕권을 강화하기 위한 정치적 활동을 시작했습니다. 로비사 울리카의 남편인 아돌프 프레드릭은 이런 정치 활동에 소극적이었지만, 왕권 강화를 위한 아내의 행동을 지지했습니다. 로비사 울리카는 강력한 왕권을 원하는 사람들을 한데 모았으며 이들을 정치적 세력으로 키우려 했습니다. 하지만 당시 스웨덴의 핵심 권력층들은 이런 로비사 울리카와 그녀의 측근들을 경계했습니다.

1751년 스웨덴의 국왕 프레드릭의 사망 후 왕위 계승자였던 아돌프 프레드릭이 국왕이 되고 로비사 울리카는 스웨덴의 왕비가 됩니다. 로비사 울리카는 남편이 국왕이 된 뒤 왕권을 더 강화하려고 여러 가지 정치적 행동을 했고 이전에 의회에 양보했던 국왕의 권한을 되찾으려고 노력했습니다. 하지만 한번 뺏긴 권한을 되찾는 일은 쉽지 않았습니다. 로비사 울리카와 그녀를 반대하는 사람들 간의 갈등은 점차 심해졌고 이것은 외교 문제로도 이어지는데, 로비사 울리카의 오빠인 프리드리히 2세는 동생을 위해서 동생이 스웨덴에서 모욕당하고 있다고 외교적으로 압박을 가하기까지 했습니다. 하지만 프리드리히 2세는 동생이 너무 과하게 정치에 개입하고 있어서 스웨덴에서 이런 반응이 나온다는 생각에 로비사 울리카에게 정치에 너무 깊이 관여하지 말라고 충고하기도 했습니다.

이런 갈등이 심화되면서 결국 로비사 울리카와 측근들은 무력으로 권력을 장악하려 했습니다. 그들은 결국 1756년 6월 쿠데타를 시도합니다. 하지만 이것은 성공하지 못했는데 사실 쿠데타 이전에 이미 비밀이 새 나가 스톡홀름의 경비가 강화되었기 때문이었습니다. 쿠데타 시도가 실패하고, 쿠데타에 가담한 인물들이 밝혀지면서, 왕비의 핵심 측근들은 사형을 당하거나 프로이센으로 피신해서 간신히 목숨을 건졌습니다. 의회에서는 가장 중요한 국왕과 왕비에 대한 처리를 두고 고민하게 되었습니다. 일단 국왕은 이 쿠데타 시도에 직접적으로 관여하지는 않았지만 쿠데타 주도의 핵심 인물이 로비사 울리카라는 것이 밝혀지자, 의회에서는 왕비를 국왕과 이혼시켜야 한다는 주장까지 나왔습니다. 하지만 로비사 울리카는 프로이센 공주였고 만약 로비사 울리카가 정말 국왕과 헤어진다면 프로이센과 스웨덴 사이의 관계가 나빠질 것은 뻔했기에 쉽지 않은 일이었습니다. 결국 의회에서는 비공개로 국왕과 왕비에게 쿠데타 시도에 대해서 인정한다는 문서를 작성하게 했으며 만약 이런 일이 다시 발생할 경우 이번 일까지 대중에게 공개해서 책임을 묻겠다고 했습니다.

로비사 울리카 왕비의 쿠데타 시도가 실패한 뒤 스웨덴에서의 왕권은 더욱더 약화되었습니다. 아돌프 프레드릭은 더욱더 조심하면서 최대한 의회의 뜻을 수용하게 됩니다. 로비사 울리카 역시 쿠데타와 같은 과격한 방법으로 왕권을 강화하려는 생각은 포기했습니다. 하지만 로비사 울리카는 정치적 활동을 계속했고 왕권을 강화하기 위한 꿈을 접지는 않았습니다. 그리고 이런 로비사 울리카의 꿈은 결국 아들 대에 이르러서 성공하게 되었습니다.

3. 가면무도회 : 구스타브 3세

베르디의 오페라 중 '가면무도회'라는 작품이 있습니다. 이 오페라는 영국 식민지였던 미국에서 총독이 친구의 아내와 불륜 관계에 있다가 결국 가면무도회에서 친구에게 목숨을 잃는다는 이야기입니다. 하지만 사실 베르디가 처음 이 오페라 곡을 쓸 때는 이런 내용이 아니었습니다. 그가 염두에 둔 것은 바로 스웨덴의 국왕 구스타브 3세의 암살 사건이었습니다. 하지만 베르디가 이 오페라를 작곡했을 무렵 나폴레옹 3세에 대한 암살 미수 사건이 있었기에 정치적 이유로 국왕이 암살당하는 내용을 오페라로 만들 수는 없었습니다. 그렇기에 몇 번의 수정 작업을 거쳐서 결국 현재 우리가 알고 있는 베르디의 오페라 「가면무도회」가 탄생하게 된 것이었습니다.

스웨덴의 구스타브 3세는 스웨덴의 아돌프 프레드릭과 프로이센의 로비사 울리카의 장남으로 태어났습니다. 구스타브 3세는 기본적으로 어머니인 로비사 울리카 왕비처럼 왕권을 강화하는 것이 스웨덴을 다시 부강하게 만드는 것이라는 생각을 했습니다. 그런데 재미난 것은 스웨덴 사람들은 이런 그를 로비사 울리카 왕비보다 훨씬 더 너그럽게 생각한 것이었습니다. 아마도 로비사 울리카는 외국인 왕비였기에 스웨덴 사람들은 외국 출신의 왕비가 정치에 너무 적극적으로 관여하는 것에 대해서 거부감을 느꼈을 것입니다. 반면, 구스타브 3세는 스웨덴에서 태어난 왕위 계승자로 사람들은 그를 훨씬 더 신뢰했습니다. 그렇기에 구스타브 3세가 이전 시대처럼 강력한 스웨덴을 만들기 위해서는 왕권을 강화해야 한다고 했을때, 많은 이들이 공감했습니다.

결국 1772년 구스타브 3세는 쿠데타를 통해서 권력을 장악했으며 이전에 귀족들에게 빼앗겼던 왕권을 다시 찾아와서 왕권을 강화합니다. 비록 쿠데타는 성공했지만 모든 것이 해결된 것은 아니었습니다. 특히 자유시

구스타브 3세(1746-1792),
114cm x 155cm,
Lorens Pasch the Younger 작(1777년),
스웨덴 국립미술관 소장.
(쿠데타 당시 복장)

대 말기가 되면서 귀족들과 평민들 간의 계급 갈등이 심화되었고 이것은 스웨덴 내의 갈등으로 이어지게 되었습니다. 그리고 이런 갈등을 조정해야 하는 사람이 바로 권력을 장악한 국왕이었던 것입니다.

구스타브 3세는 국내의 갈등 상황을 해결하기 위해서 전통적인 방법을 사용했는데 바로 외국과의 전쟁이었습니다. 이전 시대의 강력한 왕권을 가진 국왕들이 활발한 대외 활동을 통해서 강력한 나라를 만들어갔던 경험 있는 스웨덴으로서는 이 시기에 대한 향수가 있었습니다. 구스타브 3세 아돌프는 핀란드를 두고 러시아와 전쟁을 했습니다. 핀란드는 스웨덴의 영토이긴 했지만 러시아가 힘을 얻으면서 자주 러시아의 점령 하에 있던 곳이기에 늘 분쟁 지역 중 하나였습니다.

러시아와의 전쟁에서 구스타브 3세는 나름 좋은 성과를 얻게 됩니다. 스웨덴의 해군력은 러시아보다 앞섰으며, 또 러시아의 경우 오스만 제국과 갈등을 빚고 있었을 뿐 아니라 폴란드 문제나 프랑스 대혁명 같은 유럽의 상황에 대해서 무시할 수 없었기에 결국 스웨덴과의 평화가 필요했습니다. 이런 상황 때문에 스웨덴은 나름 유리한 조건으로 러시아와 평화 협정을 체결했습니다.

러시아와의 상황이 정리되면서 구스타브 3세는 이제 프랑스 쪽으로 눈을 돌렸습니다. 그 당시 프랑스 대혁명이 시작되었는데, 유럽의 국왕들은 이런 혁명이 자신들의 나라에 일어나는 것을 원치 않았습니다. 이들은 혁명이 프랑스 내부에서 진압되길 바라고 있었고, 전쟁을 통해서 적극적으로 프랑스 대혁명에 관여하는 것은 피하고 싶어 했습니다. 단지 구스타브 3세만이 적극적으로 전쟁을 해야 한다고 주장하면서 뜻을 굽히지 않으려고 하자, 스웨덴 내부에서는 반발하는 사람들이 늘어났습니다. 비록 러시아와의 전쟁에서 스웨덴이 어느 정도 이익을 얻었다고는 하지만, 참전했던 수많은 사람들은 전쟁의 피해를 절실히 느끼고 있었습니다. 결국 구스타브 3세의 프랑스 공격 계획은 많은 지지를 얻지 못한 채 끝나버리고 말았습니다. 사람들은 계속해서 전쟁을 외치는 국왕을 더 이상 두고볼 수 없다고 여겼고 이들은 국왕을 죽이고 다른 사람을 국왕으로 만들기 위한 음모를 꾸미기에 이르렀습니다.

음모자들은 1792년 3월 16일 밤, 국립 오페라 극장에서 열리는 가면 무도회에서 국왕을 암살하기로 했습니다. 가면무도회이긴 했지만 구스타브 3세는 국왕만이 착용할 수 있는 훈장을 달고 나왔기에 사람들은 국

가면무도회에서의 구스타브 3세의 복장,
Göran Schmidt 작(1792년),
스웨덴 로열 아모리 미술관 소장.

왕을 한눈에 알아볼 수 있었습니다. 그리고 음모자 중 한 명이었던 잉카르스트룀이 국왕을 향해 총을 발사했습니다.

　구스타브 3세는 총에 맞기는 했지만 현장에서 바로 죽지는 않았습니다. 구스타브 3세는 살아서 자신을 암살하려 했던 사람들을 체포하도록 명령을 내렸습니다. 하지만 구스타브 3세는 이들의 처형을 지켜보지는 못했습니다. 구스타브 3세는 총에 맞은 상처가 감염되어서 1792년 3월 29일 사망했습니다.

4. 권력은 다시 귀족들에게로 :
구스타브 4세 아돌프의 퇴위와 왕위 계승 문제

1792년 구스타브 3세가 사망하고 그의 미성년 아들이었던 구스타브 4세 아돌프Gustav IV Adolf가 국왕이 됩니다. 즉위 당시 그는 미성년이었기에 잠시 숙부였던 쇠데르만란드 공작 칼이 섭정으로 지냈었지만 곧 성년으로 친정을 하게 됩니다.

친정을 시작한 구스타브 4세 아돌프는 여러 가지 어려움에 직면했는데 사실 가장 큰 것은 경제적 문제였습니다. 이미 스웨덴은 오래도록 경제적 문제에 시달리고 있었으며 자주 주변 국가들인 영국이나 프랑스, 러시아 같은 나라들의 도움을 통해서 이를 메꿔나갔습니다. 하지만 구스타브 3세 시절 러시아와의 전쟁으로 경제가 나빠진 데다 또 크게 의존하던 프랑스에서 일어난 대혁명 후 유럽 전체가 혼란스러워지면서 스웨덴의 경제 상황은 크게 악화되었습니다. 이에 구스타브 4세 아돌프는 여러 해결책을 내놓지만 성공하지 못하자 사람들은 국왕에 대한 불만이 점차 커져갔습니다.

사실 구스타브 4세 아돌프는 자신이 옳다고 생각한 것에 대해서는 주변의 상황 등을 전혀 고려하지 않고 행동하는 경향이 있었습니다. 대표적인 예가 1796년 러시아의 알렉산드라 파블로브나 여대공과의 약혼을 깬 것이었습니다. 당시 스웨덴에서는 러시아와의 우호를 강화하기 위해서 예카테리나 2세의 손녀였던 알렉산드라 여대공과 구스타브 4세 아돌

구스타브 4세 아돌프(1778-1837),
14.2cm x 19.4cm,
Johann Baptist von Lampi the Elder 작
(1830년 이전),
스웨덴 국립미술관 컬렉션,
현 Gripsholm Castle 소장.

프와의 결혼을 진행했습니다. 그리고 두 나라 간 외교적 조율이 끝난 뒤 구스타브 4세 아돌프는 결혼하기 위해서 러시아로 갔습니다. 하지만 러시아에서 알렉산드라 여대공을 만난 뒤 그는 여대공과의 약혼을 파혼해 버렸습니다. 알렉산드라 여대공이 정교회를 계속 믿는다는 조건이 자신의 종교적 신념과 맞지 않는다는 이유였습니다. 하지만 이미 외교적으로 합의가 끝난 혼담을 자신이 독단적으로 파기한 것이 러시아와 스웨덴 사이에 문제가 되었고, 구스타브 4세 아돌프는 이를 만회하기 위해 러시아 황태자비의 여동생이었던 바덴의 프레데리케와 결혼했습니다.

구스타브 4세 아돌프는 프랑스 혁명과 이어지는 나폴레옹 전쟁 때 지속적으로 프랑스를 적대적으로 대했습니다. 구스타브 4세 아돌프는 아

구스타브 4세 아돌프와 프레데리카 왕비
(1781-1826), 195cm x 273cm,
Jonas Forsslund 작(1797-1800년경),
스웨덴 국립미술관 컬렉션,
현 Gripsholm Castle 소장.

마도 당시 많은 스웨덴 사람들처럼 프랑스 대혁명의 기운이 스웨덴에 영향을 미치는 것을 원치 않았을 뿐 아니라 대혁명 이후 권력을 잡은 나폴레옹에 대해서도 경계심을 가지고 있었습니다. 결국 구스타브 4세 아돌프는 1805년 대프랑스 동맹에 참여하게 됩니다. 하지만 이때 나폴레옹은 유럽에서 승승장구히고 있었고, 스웨덴은 별로 힘을 써보지도 못하고 30년 전쟁 당시 획득했던 스웨덴령 포메른 지방을 프랑스에 뺏기게 됩니다. 사실 구스타브 4세 아돌프가 대프랑스 동맹에 들어간 것은 특별히 나쁜 선택은 아니었는데, 유럽 대부분의 나라들 역시 나폴레옹과 프랑스와의 전쟁을 선택했었습니다. 단지 나폴레옹과 그의 군대가 그렇게 강할 줄은 아무도 예상하지 못했던 것뿐이었습니다. 결국 나폴레옹은 전 유럽을 장악하다시피 했으며 1807년 틸지트 조약을 통해서 유럽 대부분의 나

나폴레옹(1769-1821),
75cm x 99.5cm
Andrea Appiani 작 (1805년),
오스트리아
Kunsthistorisches Museum 소장.

라들이 나폴레옹과 평화 조약을 체결합니다.

이 상황에서 구스타브 4세 아돌프 역시 프랑스와의 평화 조약을 체결해야 했지만 그는 이를 거부했습니다. 그의 독단적인 성격은 여기서도 그대로 드러나 끝까지 나폴레옹과 싸우려 했습니다. 당시 나폴레옹과 평화 조약을 거부했던 나라는 영국과 포르투갈 그리고 스웨덴밖에 없었습니다. 사실 스웨덴은 영국과도 사이가 좋았기에 이 때문에 프랑스를 적대하게 된 것도 있었습니다만, 스웨덴의 상황으로 볼 때 이 선택은 좋은 것이 아니었습니다. 스웨덴은 프랑스에서 보면 너무 멀리 떨어져 있었고 나폴레옹의 유럽 경영 구상에서도 큰 비중을 차지하지 않았는데 가장 큰 이유는 러시아와 너무 가깝게 붙어 있었기 때문이었을 것입니다. 프랑스

틸지트 조약에서의 나폴레옹과 러시아의 알렉산드르 1세 그리고 프로이센 국왕 부부.

와 러시아는 틸지트 조약 이후 평화 관계를 유지하고 있었습니다. 물론 둘이 사이가 좋아져서라기보다는 힘을 가진 두 세력이 서로를 견제하지만 전쟁이 아닌 평화 상태로 있는 것이었습니다. 그렇기에 프랑스는 스웨덴을 공격할 경우 러시아를 자극할 수 있다고 여겼던 것입니다. 한편 러시아는 이런 상황을 국익에 이용하게 됩니다. 틸지트 조약 이후 프랑스와 같은 편이 된 러시아는 스웨덴이 나폴레옹과의 평화 협정을 거부하는 것을 빌미로 삼았습니다. 사실 당시 러시아의 황제 알렉산드르 1세는 처제의 남편이었던 구스타브 4세 아돌프에게 프랑스와의 평화를 거부할 경우 러시아가 스웨덴을 공격할 수 있다고 경고했었다고 합니다. 하지만 구스타브 4세 아돌프는 이를 무시했고 결국 러시아는 늘 노리고 있던 핀란드를 장악하고 러시아 황제의 영지에 편입해버립니다.

핀란드를 뺏긴 후 스웨덴에서는 주변 상황을 고려하지 않고 그저 자신의 뜻을 고집만 하는 국왕에 대한 불만이 더욱더 커져갔습니다. 결국 젊은 군인들을 중심으로 국왕을 체포해 감금했으며 이후 구스타브 4세 아돌프와 그의 자녀에 대한 왕위 계승 권리를 박탈하고 이들을 스웨덴에서 추방해버립니다. 그리고 이들은 구스타브 4세 아돌프의 숙부였던 늙은 쇠데르만란드 공작 칼을 국왕으로 추대했고, 그는 스웨덴의 칼 13세 Karl XIII가 되었습니다.

이렇게 군인과 귀족들에 의해서 국왕이 바뀌게 되면서 권력은 다시 한 번 귀족과 의회의 손에 넘어갔습니다.

5. 누가 왕위 계승자가 될 것인가 : 칼 13세의 후계자 문제

구스타브 4세 아돌프의 뒤를 이어 국왕이 된 칼 13세는 당시에 60살이 넘었으며 이 때문에 스웨덴의 정치에 적극적으로 개입하려 하지 않았습니다. 게다가 군인과 귀족들은 국왕을 쫓아낼 정도였기에 늙은 칼 13세는 더욱더 정치에 적극적일 수 없었을 것입니다. 물론 왕가에서 정치에 관여한 사람이 없지는 않았습니다. 바로 칼 13세의 왕비로 카를로타라는 이름으로 알려진 홀슈타인-고토로프의 헤드빅 엘리사벳 카를로타

칼 13세(1748-1818),
78cm x 89cm,
Carl Frederik von Breda 작(19세기),
스웨덴 국립미술관 컬렉션,
현 Gripsholm Castle 소장.

Hedvig Elisabet Charlotta av Holstein-Gottorp가 적극적으로 정치에 관여했습니다. 하지만 왕비가 국왕에게 영향력이 있긴 해도 국왕이 국정에 관여하지 않으려 했었기에 카를로타 역시 시어머니인 로비사 울리카처럼 나라를 바꾸려 할 만큼 정치적 영향력을 가진 것은 아니었습니다. 그리고 이런 상황은 칼 13세의 후계자 문제에서 잘 드러납니다.

칼 13세와 카를로타 왕비와의 사이에서는 자녀가 없었습니다. 게다가 왕가에 남은 후손들로는 쫓겨난 구스타브 4세 아돌프와 그의 자녀들, 그리고 그때까지도 미혼으로 지냈던 칼 13세의 여동생밖에 없었습니다. 후계자를 선택하는 데 고심하던 칼 13세 부부는 쫓겨난 국왕인 구스타브 4세 아돌프의 아들이자 이전에 왕태자였던 구스타브를 후계자로 지

엘리사벳 카를로타 왕비
(1759-1818), 64cm x 75cm,
Carl Frederik von Breda 작(1814년),
스웨덴 국립미술관 컬렉션,
현 Gripsholm Castle 소장.

지했습니다. 하지만 국왕 부부와 그 측근을 제외한 다른 스웨덴 사람들은 쫓겨난 국왕의 아들을 후계자로 만들 생각이 없었습니다. 만약 구스타브가 후계자가 되어서 나중에 스웨덴의 국왕이 된다면, 자신의 아버지를 쫓아낸 사람들에게 복수할 것이 당연해 보였기 때문입니다. 특히 구스타브 3세 시대 이후 의회의 영향력이 약해지긴 했지만, 자유시대 이후 의회가 국왕을 선출할 수 있었습니다. 따라서 의회는 왕가와 혈연관계에 있는 사람이라면 후계자가 아닌 다른 사람을 선출할 수 있기에 이들은 서둘러 다른 후계자가 될 만한 사람을 찾기 시작했습니다.

가장 먼저 찾은 인물은 덴마크의 국왕 프레데릭 6세였습니다. 아마도 덴마크와 노르웨이의 국왕이었던 프레데릭 6세가 스웨덴의 국왕마저 겸

하게 된다면 일단 숙적이었던 덴마크에 대한 걱정이 줄어들 것이라고 여겼을 것입니다. 하지만 프레데릭 6세는 이 제안을 거절했습니다. 그 후에 다시 찾은 인물은 덴마크 왕가의 분가 출신으로 당시 노르웨이 총독이었던 슐레스비히-홀슈타인-존데르부르크-아우구스텐부르크의 크리스티안 아우구스트였습니다. 크리스티안 아우구스트는 덴마크 왕가의 제1분가라고 할 수 있는 슐레스비히-홀슈타인-존데르부르크-아우구스텐부르크 가문 출신으로 그의 형인 프리드리히 크리스티안 2세는 덴마크의 프레데릭 6세의 여동생인 루이세 공주와 결혼했었기에 그의 가문은 덴마크 왕가와도 가까운 사이였습니다. 특히 스웨덴은 노르웨이에 대한 영향력을 확대하기를 원했었는데 크리스티안 아우구스트가 후계자가 된다면 덴마크와의 관계도 어느 정도 좋아질 것이며 또한 노르웨이의 총독으로 노르웨이인들에게 좋은 평가를 받았던 그가 후계자가 되면, 노르웨이에 스웨덴의 영향력이 확대될 수 있는 기회를 얻을 수 있을 것이기 때문입니다.

크리스티안 아우구스트는 괜찮은 후보감이었지만 이 후보를 국왕 부부가 받아들일 것인가는 의문이었습니다. 국왕 부부는 여전히 구스타브 4세 아돌프의 장남인 구스타브를 왕위 계승자로 선출해야 한다고 주장하고 있기 때문이었습니다. 하지만 국왕 부부는 결국 크리스티안 아우구스트를 후계자로 받아들이게 됩니다. 만약 그를 받아들이지 않는다면 이들이 절대 원하지 않는 인물이 후보가 될 수 있었기 때문이었습니다. 당시 스웨덴에서는 왕위 계승자를 뽑아야 한다면 구스타브 2세 아돌프와 같은 뛰어난 군인을 뽑자는 의견이 많았습니다. 당시 뛰어난 군인들은 진짜 많았는데 특히 나폴레옹 전쟁에서 수많은 승리를 거두었던 프랑스

스웨덴의 왕태자 칼 아우구스트
(1768-1810), 60cm x 75cm,
Per Krafft the Younger작(1809년),
스웨덴 국립미술관 컬렉션,
현 Gripsholm Castle 소장.

장군들이야말로 이런 뛰어난 군인들이라고 할 수 있었습니다. 그렇기에 만약 국왕 부부가 끝까지 구스타브를 왕위 계승자로 고집한다면 아예 프랑스 장군 가운데 후보를 선출할 수도 있기 때문이었습니다.

결국 1810년 아우구스텐부르크의 크리스티안 아우구스트는 스웨덴의 왕위 계승자인 칼 아우구스트가 됩니다. 하지만 칼 아우구스트는 왕위 계승자가 된 지 6개월도 되지 않아서 사고로 사망합니다. 스웨덴에서는 다시 한 번 왕위 계승자를 뽑아야 했습니다.

6. 스웨덴에서 가장 외로운 이 : 소피아 마그달레나 왕비

1766년 덴마크의 소피 마그달레느Sophie Magdalene 공주는 당시 스웨덴의 왕태자였던 구스타브 3세와 결혼했습니다. 이후 스웨덴식으로 소피아 마그달레나Sofia Magdalena라는 이름으로 알려지는 그녀는 스웨덴에서 매우 힘든 삶을 살았습니다.

소피아 마그달레나 왕비는 덴마크의 프레데릭 5세와 그의 아내인 영국의 루이자 공주의 딸로 태어났습니다. 소피아 마그달레나는 이전의 덴마크 공주로 스웨덴의 왕비가 되었던 울리카 엘레오노라처럼 덴마크와 스웨덴 간의 평화를 위해서 정략 결혼했습니다. 그리고 울리카 엘레오노라처럼 시어머니인 로비사 울리카의 냉대를 받았습니다. 로비사 울리카 왕비는 자신의 언니 딸 중 하나를 며느리로 맞고 싶어 했기에 숙적인 덴마크의 공주를 며느리로 반기지 않았습니다. 하지만 이전 시대와 달리 의회의 발언력이 큰 데다 결혼 당사자인 구스타브 역시 덴마크 공주와 결혼하는 것이 더 이익이라고 생각했기에 소피아 마그달레나는 스웨덴의 왕태자와 결혼하게 된 것입니다.

대단한 시어머니였던 로비사 울리카는 며느리를 싫어해 대놓고 냉대했습니다. 남편인 구스타브 3세는 소피아 마그달레나와 정략 결혼했기에 소피아 마그달레나를 정치적으로 대했고 혹시라도 소피아 마그달레나가 덴마크의 이익을 위해서 행동하는 것이 아닌가 늘 의심했습니다. 이런 상황은 부부를 매우 형식적인 사이로 만들었으며, 부부는 이름뿐인

부부로 지냈기에 둘 사이에서 후계자가 태어나는 것을 기대할 수는 없었
습니다.

　구스타브 3세가 국왕이 되고 쿠데타를 통해서 왕권을 강화한 뒤 구
스타브 3세는 동생들을 결혼시켜서 후계자를 얻으려 했습니다. 하지만,
동생인 쇠데르만란드 공작 부부의 결혼은 실패했고 다른 동생들은 미혼
으로 남았기에 결국 후계자를 얻지 못했습니다. 이렇게 되자 국왕 부부
의 측근들은 차라리 국왕 부부를 가깝게 만들어서 후계자를 얻는 편이
낫다고 생각했고, 그때까지도 서먹한 사이였던 국왕 부부를 친밀하게 만
들려고 노력했습니다. 그리고 결혼 12년 만인 1778년, 소피아 마그달레
나는 후계자가 될 아들인 구스타브를 낳았습니다. 스웨덴에서는 국왕에

게 후계자가 될 아들이 태어난 것에 기뻐했습니다. 하지만 후계자의 탄생은 울리카 엘레오노라와 시어머니인 로비사 울리카 사이를 완전히 끝내는 사건이었습니다.

소피아 마그달레나가 임신을 공개할 무렵 스웨덴에서는 왕비가 임신한 아이가 국왕의 아이가 아니라 국왕의 시종 중 한 명의 아이라는 소문이 파다하게 퍼졌습니다. 이 소식을 들은 로비사 울리카는 공식적으로 이 사건을 조사하라고 지시했습니다. 이것은 국왕 부부의 성적 사생활까지 들춰내는 일로 국왕 부부는 이 일을 모욕으로 받아들였습니다. 특히 소피아 마그달레나는 자신을 늘 냉대했던 시어머니가 태어나지도 않은 자신의 아이마저 모욕하는 상황을 견딜 수 없었습니다. 결국 소피아 마그달레나는 이후 시어머니를 보지 않겠다고 맹세를 할 정도였습니다. 나중에 시어머니가 죽기 전 마지막으로 보고 싶어 했을 때조차도 이를 거절했기에 로비사 울리카의 측근이었던 인물은 소피아 마그달레나가 "돌로된 심장을 가지고 있다."라고 언급했습니다.

이후 소피아 마그달레나는 둘째 아들을 낳고 행복한 생활을 이어갔지만, 부부는 다시 서서히 멀어졌으며 특히 1783년 둘째 아들이 사망한 뒤로는 다시 이전과 같이 의례적 부부 사이로 돌아가고 말았습니다. 소피아 마그달레나는 남편이 암살 시도에서 살아남았을 때도 남편을 만날 수 없었는데 음모자들이 소피아 마그달레나의 의사와 관계없이 구스타브 3세가 죽고 난 뒤 소피아 마그달레나를 섭정으로 세우려 했다는 의심 때문이었습니다.

소피아 마그달레나(1746-1813),
60cm x 76cm,
Lorens Pasch the Younger 작(1768년),
스웨덴 국립미술관 컬렉션,
현 Gripsholm Castle 소장.

　　소피아 마그달레나는 남편이 죽은 뒤 궁정에서 은퇴했고 이후 조용
히 개인적인 삶을 살았습니다. 아들이 결혼해서 며느리를 데려왔을 때
자신의 시어머니와는 달리 매우 다정하게 대했으며 궁정에 개입하지 않
은 채 평범한 할머니로 남아 손자손녀들을 만나러 오는 정도가 전부였습
니다. 하지만 이런 행복한 생활은 1809년 아들인 구스타브 4세 아돌프가
왕위에서 쫓겨나면서 끝났습니다. 소피아 마그달레나는 아들과 그 가족
이 스웨덴에서 쫓겨나는 것을 지켜볼 수밖에 없었습니다. 소피아 마그달
레나는 어쩌면 아들과 함께 가고 싶었겠지만 그녀는 덴마크 공주 출신의
스웨덴의 왕비였기에 그녀가 떠나는 것은 정치적으로 문제가 될 수 있었
습니다.

상냥한 성품이었던 소피아 마그달레나는 스웨덴에 온 많은 사람들에게 다정한 모습을 보여줬습니다. 여기에는 며느리였던 바덴의 프레데리케를 비롯해서 소피아 마그달레나의 손자의 자리를 차지한 칼 요한이나 스웨덴 궁정에서 무시당했던 칼 요한의 아내였던 데시데리아 등이 있었습니다. 하지만 당시 왕태자였던 칼 요한은 쫓겨난 국왕의 어머니이자 여전히 왕태자의 지위를 주장하고 있던 구스타브의 할머니인 소피아 마그달레나를 의심스러워했습니다. 궁정은 칼 요한의 측근들이 장악하고 있었기에 궁정에서는 왕태자의 눈치를 보기 시작했고 차츰 소피아 마그달레나와 교류하려는 사람들이 줄어들었습니다. 심지어 소피아 마그달레나는 아들과 편지 교환조차도 못하게 되기까지 했지만, 프랑스에서부터 칼 요한의 지지자였으며 이제 소피아 마그달레나의 친구가 된 마담 드 스탈의 도움으로 간신히 이를 해결하기도 했습니다.

이렇게 소피아 마그달레나는 점차 더 고립되어갔으며 결국 1813년 아들이나 손자손녀들을 만나지 못한 채 쓸쓸하게 사망했습니다.

4장
베르나도트 가문

현 스웨덴 왕가인 베르나도트 가문은 프랑스의 장군이었던 장 바티스트 베르나도트가 1810년 칼 요한으로 선출되면서 시작되었습니다. 베르나도트 장군은 스웨덴의 국왕 칼 14세 요한^{Karl XIV Johan}으로 즉위했으며 이후 그의 후손들이 스웨덴 왕위를 이어나갔습니다. 현 스웨덴 국왕인 칼 16세 구스타프^{Carl XVI Gustaf}는 칼 14세 요한의 6대손입니다.

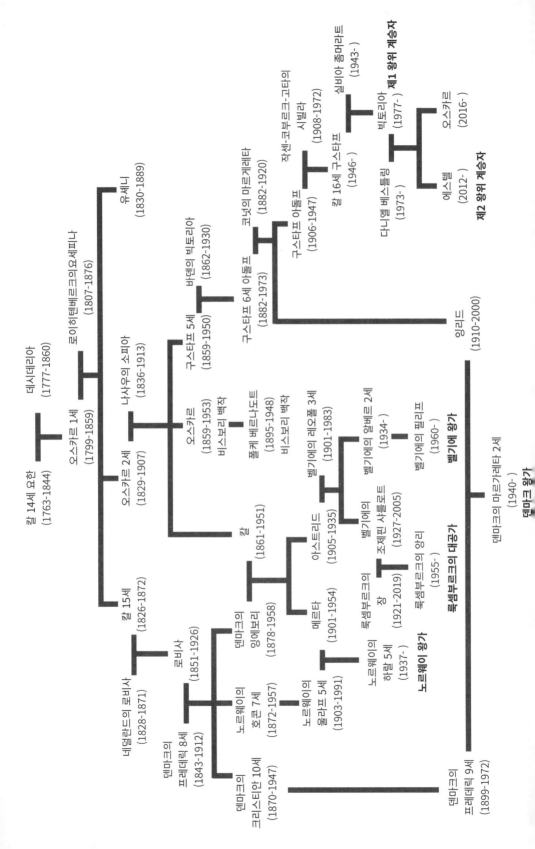

칼 14세 요한
(1763-1844)

데시데리아
(1777-1860)

오스카르 1세
(1799-1859)

루이하텐베르크의요세피나
(1807-1876)

유세니
(1830-1889)

오스카르 2세
(1829-1907)

나사우의 소피아
(1836-1913)

구스타프 5세
(1859-1950)

바덴의 빅토리아
(1862-1930)

오스카르
(1859-1953)
비스보리 백작

폴케 베르나도트
(1895-1948)
비스보리 백작

구스타프 6세 아돌프
(1882-1973)

코넛의 마르가레타
(1882-1920)

구스타프 아돌프
(1906-1947)

작센-코부르크-고타의
시빌라
(1908-1972)

칼 16세 구스타프
(1946-)

실비아 좀머라트
(1943-)

제1 왕위 계승자

빅토리아
(1977-)

다니엘 베스틀링
(1973-)

오스카르
(2016-)

에스텔
(2012-)

제2 왕위 계승자

칼
(1861-1951)

잉리드
(1910-2000)

아스트리드
(1905-1935)

벨기에의 레오폴 3세
(1901-1983)

벨기에의 알베르 2세
(1934-)

벨기에의 필리프
(1960-)

벨기에 왕가

칼 15세
(1826-1872)

로비사
(1851-1926)

메르타
(1901-1954)

벨기에의
조제핀 샤를로트
(1927-2005)

룩셈부르크의
장
(1921-2019)

룩셈부르크의 앙리
(1955-)

룩셈부르크 대공가

네덜란드의 로비사
(1828-1871)

로베르
(1878-1958)

덴마크의
잉에보르
(1878-1958)

노르웨이의
올라프 5세
(1903-1991)

노르웨이의
하랄 5세
(1937-)

노르웨이 왕가

프레데릭 8세
(1843-1912)

노르웨이의
호콘 7세
(1872-1957)

덴마크의
크리스티안 10세
(1870-1947)

덴마크의 마르가레타 2세
(1940-)

프레데릭 9세
(1899-1972)

덴마크 왕가

1. 더는 프랑스 장군을 거절할 수 없다 :
칼 14세 요한의 스웨덴 왕위 계승

1810년 뫼르네르 남작을 중심으로 하는 스웨덴 사절단은 나폴레옹에게
소식 하나를 전하기 위해서 파리를 방문합니다. 그것은 스웨덴의 왕태자
로 선출된 칼 아우구스트가 사고로 사망했다는 소식이었습니다. 사절단
으로 임무를 수행한 뫼르네르 남작은 개인적으로 프랑스의 한 장군을 만
납니다. 바로 나폴레옹 휘하의 육군 원수 중 한 명이었던 장 바티스트 베
르나도트Jean-Baptiste Bernadotte였습니다.

　장 바티스트 베르나도트는 프랑스 법률가의 아들로 태어났으며, 젊
은 시절부터 군인으로 복무했습니다. 그는 법률가의 아들이었기에 구질

장 바티스트 베르나도트(1763-1844),
장교 시절, 55cm x 72cm,
Louis-Félix Amiel 작(1834년),
프랑스 베르사유 궁전 소장.

데지레 클라리(1777-1860),
Robert Lefèvre 작(1807년),
스웨덴 Drottningholm Palace 소장.

서 체제에서는 장교가 될 가망성이 없었지만, 프랑스 대혁명 이후 장교가 되었고 이후 프랑스 혁명 전쟁을 거치면서 최고의 장군 중 하나가 되었습니다. 특히 그는 정치적으로나 명성으로나 나폴레옹의 정적이라 할 수 있었지만, 나폴레옹의 휘하에서도 복무하기도 했었고 나폴레옹의 형인 조제프의 처제인 데지레 클라리와 결혼하면서 나폴레옹의 가족들과도 친하게 지냈습니다. 이런 관계는 나폴레옹과 베르나도트의 관계를 좀 미묘하게 만들었는데 나폴레옹은 가족에게 가장 약한 사람이었기에 베르나도트는 정적이었음에도 가족이나 다름없었기에 함부로 대할 수 없었습니다.

베르나도트 역시 나폴레옹과 자신의 사이가 미묘하다는 것을 잘 알고 있었기에 자신의 앞날에 대해서 고민이 많았을 것입니다. 이런 상황에서 뫼르네르 남작이 베르나도트를 찾아왔습니다. 남작은 스웨덴에서 프랑스 장군을 왕위 계승자로 원하는 사람들이 많다고 말하면서 베르나도트에게 스웨덴의 왕위 계승자 후보가 될 생각이 없는지 물었습니다. 이 제안에 베르나도트는 처음에는 무슨 음모일 것이라고 여겼지만 친구였던 스웨덴 장군이 뫼르네르 남작이 신뢰할 만한 인물이며 또한 그가 말한 것을 실행할 수 있는 정치적 능력을 가지고 있다고 전했습니다. 그후에 베르나도트는 자신이 제안받은 사실을 나폴레옹에게 보고했습니다. 사실 뫼르네르의 행동은 스웨덴 정부의 허가를 받은 일이 아니었기에 그는 스웨덴으로 돌아가서 체포당하고 맙니다. 하지만 덕분에 나폴레옹도 스웨덴 사람들이 프랑스 장군을 스웨덴의 왕위 계승자 후보로 생각하고 있다는 것을 알게 됩니다.

스웨덴에서는 국왕 구스타브 2세 아돌프 시기에 대한 향수가 있었습니다. 뛰어난 군인이었던 구스타브 2세 아돌프는 대외적으로 수많은 전투에서 승리를 거두면서 스웨덴을 유럽의 강국으로 올려놨습니다. 이 때문에 이전 국왕들에게 실망한 스웨덴 사람들은 새로운 인물을 왕위 계승자로 뽑아야 한다면 실력이 검증된 프랑스 장군을 뽑고 싶어 했습니다. 특히 나폴레옹의 육군 원수 중 한 명이자 하노버의 총독으로 지내면서 나름 괜찮은 성과를 냈던 베르나도트에 대해서 호감을 가졌습니다.

사실 스웨덴의 국왕 부부와 일부 귀족들은 여전히 구스타브 4세 아돌프의 아들인 구스타브가 왕위 계승자가 되어야 한다고 생각했지만 이

런 뜻을 확고히 주장할 수 없었습니다. 왜냐면 이전에 엄청난 비극적 사
건이 있었기 때문이었습니다.

당시 스웨덴의 수상이었던 악셀 폰 페르센은 국왕 부부와 함께 구스
타브를 지지하던 인물이었습니다. 그는 한때 마리 앙투아네트와 연인 관
계였다고도 알려져 있었는데, 특히 대혁명이 일어났을 때 마리 앙투아네
트를 적극적으로 구하려던 인물 중 하나였습니다. 그렇기에 악셀 폰 페
르센은 절대 프랑스 장군을 왕위 계승자로 받아들일 수는 없었을 것입니
다. 하지만 구스타브가 왕위 계승자가 되는 것도 어려웠기에 타협해서
칼 아우구스트를 왕위 계승자로 받아들인 것이었습니다. 그렇기에 칼 아
우구스트가 죽었다는 소식을 들었을 때 페르센은 프랑스 장군을 더는 거
부할 방법이 없다고 말했을 정도였습니다. 게다가 스웨덴에서는 구스타

브를 지지하는 사람들이 구스타브를 왕위 계승자로 만들기 위해서 칼 아우구스트를 살해했다는 소문이 돌았습니다. 이에 격분한 군중들은 구스타브를 지지하는 사람들의 중심 인물이었던 페르센에게 찾아갔으며 결국 페르센은 군중들에 의해서 살해당하고 말았습니다. 일이 이렇게 되자 구스타브를 지지했던 국왕 부부마저 목숨을 걱정해야 할 처지가 되었고, 이것은 프랑스 장군을 데려오자는 사람들이 힘을 얻은 계기가 되었습니다. 그렇기에 뫼르네르 남작이 베르나도트에게 과감히 제안할 수 있었던 것입니다.

나폴레옹은 자신의 장군 중 한 명이 스웨덴의 국왕이 되는 것도 나쁘지 않다고 여겼습니다. 하지만 나폴레옹은 자신과 늘 껄끄러운 사이였던 베르나도트가 스웨덴의 왕위 계승자가 되는 것이 탐탁지 않았습니다.

나폴레옹은 베르나도트가 아니라 자신의 최측근이었던 베르티에 장군을 보내고 싶어 했지만 스웨덴에서는 베르나도트가 아니라면 나폴레옹의 양아들인 외젠 드 보아르네만을 원한다고 했습니다. 나폴레옹은 조제핀과 이혼한 뒤 권력에서 밀려난 자신의 양아들에게 보상해주고 싶었고 스웨덴 왕위도 나쁘지 않을 것이라 생각했습니다. 하지만 외젠은 개신교로 개종해야 하기에 스웨덴 국왕이 되고 싶지 않다고 했으며 결국 나폴레옹은 베르나도트가 스웨덴 왕위 계승자 후보로 나서는 것을 허락했습니다. 하지만 나폴레옹은 러시아를 자극하고 싶지 않다고 하면서 프랑스가 스웨덴의 선택에 절대적으로 개입하지 않도록 명령하기까지 했습니다. 결국 베르나도트는 자신을 지지하는 사람들을 끌어모았고, 스웨

장 바티스트 베르나도트,
117cm x 148cm,
Fredric Westin 작(19세기),
스웨덴 국립미술관 컬렉션,
현 Gripsholm Castle 소장.
스웨덴의 왕위 계승자로
선출된 뒤의 모습이다.

덴 사람들에게 자신을 지지해달라고 호소합니다.

사실 베르나도트 말고도 스웨덴 왕위 계승 후보자가 더 있었습니다. 바로 올덴부르크 공작 가문 사람들이었습니다. 올덴부르크 공작 가문은 원래 홀슈타인-고토로프 가문의 일원으로 스웨덴의 국왕이 된 아돌프 프레드릭 형제들의 후손들이었습니다. 이들은 복잡한 상속 관계를 통해서 올덴부르크 지역을 상속받게 된 것이었습니다. 이 때문에 이들은 혈연적으로 스웨덴 왕가와 가까운 사이였습니다. 게다가 칼 13세의 사촌이었던 올덴부르크의 페테르는 황제 알렉산드르 1세의 이모와 결혼했었으며, 페테르의 아들인 게오르그는 파벨 1세의 딸이자 알렉산드르 1세가 가장 예뻐했던 동생인 예카테리나 파블로브나 여대공과 결혼하기까지 했었습니다. 그렇기에 이 가문은 러시아와도 연결되어 있었고 이것은 스웨덴에 나름 유리한 조건이기도 했습니다. 하지만 스웨덴 사람들은 올덴부르크 가문이 러시아와 너무 가깝다고 생각했고 또한 이들 가문 사람들이 베르나도트보다 능력이 있다고 생각하지 않았습니다.

결국 1810년 프랑스의 육군 원수인 장 바티스트 베르나도트 장군은 스웨덴의 왕위 계승자로 선출되었습니다. 그는 국왕 칼 13세의 양자가 되었으며 이름도 스웨덴식으로 칼 요한이라고 바꿨습니다. 스웨덴의 왕태자 칼 요한이 된 베르나도트는 스웨덴에서 군인으로, 정치가로, 자신의 입지를 넓혀나갔습니다. 그리고 그는 스웨덴 사람들의 기대와 선택에 부응한 국왕이 되었습니다.

2. 벼락부자를 벗어나기 위한 노력 : 오스카르 1세의 결혼

프랑스 장군 출신으로 스웨덴의 국왕이 된 칼 14세 요한은 스웨덴의 국익을 위해서 모국이었던 프랑스를 적으로 돌렸고 그 결과 스웨덴은 나폴레옹과의 전쟁에서 승전 국가로 지위를 확고히하게 되었습니다. 이후 칼 14세 요한은 스웨덴 내부의 정치적 요구에 따라서 노르웨이를 합병했습니다. 사실 칼 14세 요한은 개인적으로는 노르웨이의 합병에 대해서 부정적이었습니다만 그를 국왕으로 지지했던 사람들이 주로 노르웨이를 합병하길 원하는 사람들이었고 칼 14세 요한은 이들 지지에 대한 보답

을 해야 했습니다. 그리고 이를 통해서 칼 14세 요한은 스웨덴에서 국왕
으로 입지를 굳힐 수 있었습니다.

 하지만 칼 14세 요한은 빈 회의를 통해서 혈연 관계로 견고하게 다져
진 유럽 왕가의 네트워크의 영향력이 얼마나 큰지를 알게 됩니다. 빈 회
의는 나폴레옹 전쟁 이전의 상황으로 되돌리려 하는 회의였는데, 아이러
니하게도 칼 14세 요한은 나폴레옹 전쟁 때문에 스웨덴의 국왕이 된 인
물이었습니다. 칼 14세 요한은 스웨덴의 국익을 위해 프랑스를 적으로
두고 나폴레옹과 전쟁에 참전했었고, 그의 스웨덴 군대는 전쟁에서 큰
역할을 담당했었습니다. 하지만 칼 14세 요한은 빈 회의에서 여러 가지
손해를 감수해야 했습니다. 예를 들면 자신의 개인 영지나 다름없었던

과들루프를 뺏기게 된 것입니다. 과들루프는 원래 카리브해에 있는 프랑스의 식민지였는데 나폴레옹 전쟁 중에 영국이 이 지역을 장악했었습니다. 그런데 칼 14세 요한이 반프랑스 동맹에 들어가자 영국은 이 과들루프의 지배권을 스웨덴의 국왕과 그 후계자에게 주었습니다. 영국이 그렇게 한 가장 큰 이유는 칼 14세 요한이 반프랑스 동맹에 들어가면서 프랑스 내 재산과 연금을 상실했기에 이에 대한 보상의 차원이었습니다. 하지만 빈 회의에서는 이 과들루프를 다시 프랑스에게로 넘기기로 결정했습니다. 칼 14세 요한은 승전국의 국왕이었지만, 결국 금전적 보상을 받고 과들루프를 내줘야 했습니다. 게다가 유럽의 군주들과 그 가족들은 구스타브 4세 아돌프의 아들인 바사공 구스타브Gustav Prince of Vasa를 매우 호의적으로 대했습니다. 바사공 구스타브의 이모들이 러시아의 황후, 바

이에른의 왕비 등이었으며 할머니가 덴마크 공주였기에 덴마크 국왕과도 친척 관계인데다 더 나아가 영국의 국왕과도 역시 혈연으로 엮여 있었기 때문입니다. 그랬기에 스웨덴 사람들이 구스타브를 쫓아냈다고 하더라도 반나폴레옹 경향이 강했던 빈 회의에서 당연히 나폴레옹 휘하 장군 출신이었던 칼 14세 요한보다는 바사공 구스타브가 더 호의적인 대접을 받을 수밖에 없었습니다. 이런 경험을 한 칼 14세 요한은 자신의 후손들이 손해 보지 않게 하기 위해서는 이런 유럽 왕가의 혈연 관계를 이뤄야 한다고 생각하게 되었을 것입니다.

칼 14세 요한은 아들이자 후계자인 오스카르를 유럽의 유서 깊은 왕가 출신의 여성과 결혼시키기로 결정합니다. 그리고 적당한 신붓감을 찾았습니다. 비록 칼 14세 요한과 오스카르는 '벼락부자'라고 비웃음 당했을지 모르지만, 오스카르는 칼 14세 요한의 외아들로 스웨덴의 왕위 계승자였으며 그의 아내는 미래의 스웨덴의 왕비가 될 사람이었습니다. 그렇기에 정치적 목적이든 높은 신분을 원해서든 간에 스웨덴 왕가에 딸을 주려던 사람들이 있었습니다.

칼 14세 요한은 아들에게 신부 후보들을 만나게 했는데, 오스카르가 선택한 사람은 로이히텐베르크의 요제핀이라는 여성이었습니다. 칼 14세 요한은 사실 아들이 덴마크 공주와 결혼하길 바랐지만, 덴마크 공주와의 혼사가 성사되지 않는다면 이 요제핀과의 혼사가 성사되길 원했습니다. 왜냐면 요제핀의 신분이 매우 특수했기 때문입니다.

요제핀이라는 이름에서 알 수 있듯이 로이히텐베르크의 요제핀 Josephine von Leuchtenberg은 조제핀 드 보아르네의 손녀이자 나폴레옹의 양

아들이었던 외젠 드 보아르네의 딸이었습니다. 이 때문에 칼 14세 요한 은 요제핀도, 요제핀의 부모도 잘 알고 있었을 것입니다. 하지만 칼 14세 요한이 이런 관계 때문에 요제핀을 며느릿감으로 선택한 것은 아니었습 니다. 그녀를 선택한 가장 큰 이유는 요제핀의 외가 때문이었습니다. 요 제핀의 어머니인 바이에른의 아우구스테는 바이에른의 국왕 막시밀리 안 1세 요제프의 딸이었습니다. 막시밀리안 1세 요제프는 비텔스바흐 가 문의 모든 영지를 상속받아서 바이에른 왕국을 성립시킨 인물이었습니 다. 요제핀의 외가인 바이에른 왕가는 유럽의 유서 깊은 통치 가문인 비 텔스바흐 가문으로 유럽의 수많은 왕가와 혈연 관계로 엮여 있었습니다. 이것은 유럽의 여러 왕가에 매우 중요한 것으로 한때 스웨덴에서 외젠 드 보아르네가 왕위 계승자로 거론된 이유가 나폴레옹의 양자라는 것 외

베르나도트 가족, 400cm x 338cm, Fredric Westin 작(1837년),
스웨덴 국립미술관 컬렉션, 현 Gripsholm Castle 소장.
칼 14세 요한과 데시데리아 왕비 그리고 둘의 아들 부부와 손자손녀들이다.

에도 아내인 아우구스테가 비텔스바흐 가문 출신이라는 것도 있었습니다. 당시 스웨덴에서 외젠은 국왕감은 아니지만 "그의 아내는 왕비 감으로 적당하다."라고 이야기할 정도였습니다. 게다가 요제핀의 이모들은 모두 결혼을 잘 했는데, 큰 이모는 오스트리아의 황후였으며, 다른 이모들 역시 다 정략 결혼으로 여러 왕가의 후계자들과 결혼했습니다.

오스카르는 덴마크 공주를 거절했지만, 요제핀을 만난 후에는 그녀에게 반해버리고 맙니다. 요제핀 역시 오스카르에게 호감을 갖게 되는데 둘은 예술에 관심이 많았으며 특히 둘 다 작곡을 하는 등 공통 관심사도 많았습니다. 이것은 서로에게 더욱더 호감을 갖게 했으며 결국 둘은 사랑에 빠져서 결혼하기로 결정합니다.

1823년 6월 19일 스톡홀름에서 스웨덴의 왕태자인 오스카르와 로이히텐베르크의 요제핀은 결혼합니다. 요제핀은 스웨덴에서 스웨덴식으로 '요세피나Josefina av Leuchtenberg'라고 불리게 됩니다. 오스카르와 요세피나의 결혼은 베르나도트 가문의 후손들이 유럽 왕가와 직접적 혈연 관계가 되는 중요한 작업이기도 했습니다. 비록 모계지만 요세피나는 스웨덴의 옛 왕가의 후손이기도 했으며 이 덕분에 오스카르와 요세피나의 후손들은 스웨덴의 국왕들을 선조로 가질 수 있게 된 것입니다. 물론 이런 결혼 한 번으로 벼락부자 꼬리표를 뗄 수는 없었으며 스웨덴 왕가는 매우 엄격한 예법이나 결혼 규칙을 통해서 다른 왕가에 얕보이지 않으려고 노력했습니다.

3. 아직 벼락부자를 벗어나지 못하고… :
칼 15세와 오스카르 2세의 결혼

오스카르 1세와 요세피나 왕비 사이에서는 다섯 명의 아이가 태어났고 그중 넷이 아들이었습니다. 이 때문에 오스카르 1세의 왕위 계승자 문제는 걱정 없어 보였습니다. 하지만 오스카르 1세의 자녀들이 자라서 결혼할 나이가 되면서는 문제가 좀 복잡해졌습니다. 그때까지도 유럽의 다른 왕가들은 스웨덴 왕가에 대해서 높게 평가하지 않았습니다. 이것은 오스카르 1세와 요세피나 왕비도 알고 있었던 사실이었는데 이 때문에 자녀들의 결혼에 더욱 신경을 썼습니다.

오스카르 1세와 요세피나 왕비는 장남인 칼을 프로이센의 공주와 결혼시키려 했습니다. 당시 프로이센 왕국은 유럽의 강국 중 하나였고 이 때문에 프로이센의 공주를 며느리로 맞는 것은 가문의 격을 높이는 것은 물론 외교적으로도 중요한 일이었습니다. 게다가 프로이센은 스웨덴과 이웃하고 있었기에 더욱더 이 혼담은 중요했습니다. 오스카르 1세와 요세피나 왕비가 며느릿감으로 생각한 사람은 프로이센의 루이제로 프로이센의 국왕 프리드리히 빌헬름 4세의 조카였습니다. 당시 루이제는 프로이센 국왕의 조카였을 뿐이지만, 루이제의 백부인 프리드리히 빌헬름 4세는 자녀가 없었으며 결국 루이제의 아버지인 빌헬름의 형의 뒤를 잇는 왕위 계승자였습니다. 게다가 루이제는 아버지의 뒤를 이어서 왕위를 이어받을 오빠 프리드리히와도 친한 사이였기에 결국 루이제와의 혼담은 외교적으로 스웨덴에 매우 중요한 것이었습니다.

바이에른의 엘리자베트 루도비카
프로이센의 왕비(1801-1873),
Karl Joseph Stieler 작(19세기),
독일 Sanssouci 소장.

사실 그때까지도 프로이센 왕가는 스웨덴 왕가를 좀 낮게 평가했지만 이 혼담이 진행될 수 있었던 것은 요세피나 왕비의 이모이자 프로이센의 왕비였던 바이에른의 엘리자베트 루도비카의 영향력이 컸습니다. 엘리자베트는 프로이센의 프리드리히 빌헬름 4세의 왕비였는데 매우 다정한 성품으로 프로이센 왕가 사람들 모두가 좋아하는 사람이었습니다. 요세피나 왕비는 이모와 매우 친한 사이였고 엘리자베트 왕비가 프로이센 공주와 스웨덴 왕태자 간의 혼담을 주선해준 것이었습니다.

왕가의 결혼은 약혼 직전에 대부분의 조율이 끝나고 결혼할 사람들이 만나서 청혼하고 약혼을 발표하면서 공식화하는 것이 관례였습니다. 그러나 칼은 루이제에게 청혼하러 베를린으로 갔지만 청혼하지 않고 결혼을 거부합니다. 칼의 이런 행동에 대해서 모두가 당황했는데 일단 수습하기 위해 서둘러 루이제가 병약해서 후계자를 얻을 수 없을 것 같다는 이유를 둘러댔습니다. 하지만 이 상황은 모두에게 곤혹스러웠습니다. 혼담을 추진했던 엘리자베트 왕비는 조카손자에게 매우 화를 냈으며, 칼의 부모인 스웨덴 국왕 부부도 화를 냈습니다. 칼의 남동생은 루이제가 건강해진다면 자신이 그녀에게 청혼하겠다고까지 했습니다만 어쨌든 스웨덴과 프로이센 간의 혼담은 없었던 것이 되고 말았습니다.

스웨덴 왕가에서는 다시 칼의 신붓감을 찾게 됩니다. 그리고 찾은 여성은 네덜란드 국왕의 손녀인 네덜란드의 루이제였습니다. 그녀는 칼이 거부했던 프로이센의 루이제와는 사촌 관계였는데, 네덜란드의 루이제의 어머니가 프로이센 공주로 프로이센의 루이제의 고모였습니다. 네덜란드의 루이제는 여러 가지 조건이 맞는 여성이었는데 일단 오래된 왕가 출신에 신교도였습니다. 게다가 네덜란드는 오래전부터 부유하다고 알려져 있던 곳으로 부유한 네덜란드 왕가 출신의 루이제는 지참금도 많을 것이라고 여겨졌습니다. 막상 결혼 협상이 진행되자, 스웨덴 왕실에서는 루이제의 지참금이 많지 않으며, 외모 역시 프로이센 쪽 사촌보다는 못하다는 것을 알게 됩니다. 하지만 더 나쁜 조건이었음에도 스웨덴 왕가는 칼에게 더는 혼담을 깨지 못하게 했습니다. 이미 프로이센 공주를 거절했던 전력이 있었기에 만약 이번에도 혼담을 거절한다면 칼에게 딸을 주려는 왕가가 더는 없을 것이기 때문이었습니다. 통치 가문의 여성과 결혼해야만 왕위 계승 권리를 인정받을 수 있었던 스웨덴 왕가에서 통치 가문 출신의 여성을 찾지 못하는 것은 왕위 계승에도 위협적인 것이었고

프로이센의 루이제(1838-1923),
94cm x 126.5cm,
Franz Xaver Winterhalter 작(1856년),
러시아 푸시킨 국립미술관 소장.

이런 상황은 스웨덴 내의 정치적 문제를 야기할 수도 있었습니다.

칼은 네덜란드의 루이제를 마음에 들어 하지 않았지만 어쩔 수 없이 결혼했고 결국 둘의 결혼 생활은 매우 불행했습니다. 칼에게는 수많은 정부들이 있었고, 스웨덴에서 '로비사Lovisa av Nederländerna'라는 이름으로 불렸던 루이제는 이런 남편의 마음에 들기 위해 온갖 노력을 했습니다.

칼의 결혼 문제가 엄청나게 복잡하게 흐르면서, 오스카르 1세와 요세피나 왕비는 다른 자녀들의 결혼에 대해서는 좀 더 다르게 생각합니다. 칼의 경우 이미 결혼에 대한 세부 조율까지 마친 상황에서 신붓감을 보고 거부했었기에, 다른 자녀들의 경우 혼담이 있는 당사자들이 미리 만나보고 서로 괜찮다고 생각하면 결혼을 추진하기로 한 것이었습니다.

네덜란드의 루이제, 스웨덴의 로비사 왕비(1828-1871).

1850년대 오스카르 1세의 장남인 칼은 아내와의 사이에서 아들을 얻었지만 일찍 사망했고 딸만 한 명 남았으며 아내와의 사이에서 남성 후계자를 기대할 수 없었습니다. 그리고 오스카르 1세의 둘째 아들인 구스타프는 결혼 전 사망했고 결국 셋째 아들인 오스카르가 유력한 왕위 계승자로 떠오르게 되었습니다.

스웨덴 왕가에서는 오스카르의 결혼을 신중하게 결정하기로 했는데, 오스카르는 신붓감을 구하러 전 유럽을 다녔습니다. 여러 신부 후보들을 만나보고 서로 마음에 드는지 살펴보러 다닌 것이었습니다. 그리고 찾은 여성이 나사우 공작의 딸이었던 소피아Sofia av Nassau였습니다. 둘은 서로 결혼을 염두에 두고 만났다는 것을 알았지만 결혼하라는 압력을 받은 것은 아니었습니다. 오스카르와 소피아는 서로를 마음에 들어했으며 결혼하기로 결정합니다. 1857년 둘은 결혼했으며 오스카르는 형인 칼과 달리 평온한 결혼 생활을 했습니다.

4. 노르웨이 독립 문제

칼 14세 요한이 노르웨이를 합병한 뒤 노르웨이는 꾸준히 스웨덴으로부터 독립하려 했습니다. 그렇기에 스웨덴에서는 이를 매우 신경 쓰고 있었습니다. 노르웨이에서 독립 요구가 점차 거세지자, 노르웨이를 스웨덴에 붙잡아두려는 사람들 역시 늘어나게 됩니다. 이를테면 노벨상으로 유명한 노벨은 노르웨이가 스웨덴과 연합 왕국 형태로 남아 있길 원했기에 노벨상을 만들 때 다른 분야는 모두 스톡홀름에서 수여하지만, 노벨 평화상만큼은 노르웨이의 수도인 오슬로에서 수여하기로 했다는 이야기가 있을 정도입니다.

칼 15세Karl XV가 국왕이 되자 노르웨이는 스웨덴에서 독립할 가능성이 있는 첫 번째 기회를 얻게 됩니다. 칼 15세는 사이가 나빴던 아내인 로비사와의 사이에서 두 명의 자녀를 얻었습니다. 하지만 아들은 일찍 사망했고 딸인 로비사만이 외동딸로 남게 됩니다. 칼 15세는 아내를 좋아하지 않았지만 아내와 너무나도 닮은 딸인 로비사는 매우 예뻐했습니다. 그리고 딸을 행복하게 해주기 위해서 아내와의 관계도 개선할 정도였다고 합니다. 이런 상황에서 칼 15세의 딸인 로비사가 여왕이 될 수도 있다는 이야기가 나오게 됩니다. 당시 스웨덴과 노르웨이는 여성 계승자를

인정하지 않았습니다만, 이전에 스웨덴과 노르웨이에서는 여성이 왕위에 오른 적이 있었기에 아주 거부감이 있던 것은 아니었습니다. 칼 15세는 법을 개정해서 딸을 여왕으로 만들고 싶어 했습니다. 하지만 로비사를 여왕으로 만드는 것은 정치적으로 복잡했을 뿐 아니라 특히 독립의 빌미를 잡으려는 노르웨이에서 여왕을 거부하고 독립을 선언하는 계기가 될 수도 있었습니다. 결국 왕위는 칼 15세의 동생인 오스카르가 물려받는 것이 확정되면서 딸에게 왕위를 물려주고 싶어 했던 칼 15세의 소망은 이루어지지 못했습니다.

칼 15세가 죽고 그의 동생인 오스카르가 스웨덴의 오스카르 2세Oscar II로 즉위합니다. 시간이 갈수록 노르웨이는 독립을 원했는데 오스카르 2

오스카르 2세(1829-1907),
W. A. Eurenius & P. L. Quist 사진(연도 미상).

세는 절대 노르웨이의 독립을 용납할 수 없었습니다. 하지만 그가 아무리 강경하게 나온다고 하더라도 노르웨이의 독립 요구를 잠재울 수는 없었으며, 도리어 노르웨이의 독립 요구는 더욱더 거세졌고 시간이 지날수록 더 확고한 사실이 되어버렸습니다. 이렇게 되자 스웨덴에서는 스웨덴과 노르웨이가 평화적으로 헤어질 방법을 모색하는 사람들이 점차 늘어났습니다.

그중 하나가 바로 오스카르 2세의 셋째 아들인 칼 왕자를 노르웨이의 국왕으로 내세우는 것이었습니다. 그렇게 하면 스웨덴 왕가가 노르웨이를 통치하는 것과 마찬가지였습니다. 게다가 칼 왕자의 아내는 덴마크의 공주였기에 칼 왕자를 노르웨이의 국왕으로 만들었을 때 이웃나라인 덴마크 역시 이에 대해서 지지할 것이 분명해 보였습니다. 또한 칼 왕자

오스카르 2세와 소피아 왕비 그리고 둘의 네 아들.　칼 15세와 로비사 왕비 그리고 딸 로비사 공주.

부부는 노르웨이에서 인기 있는 인물들이기도 했습니다. 하지만 이 방법에 대해서 오스카르 2세는 매우 화를 냈습니다. 그는 노르웨이의 국왕이었기에 그가 살아 있는 동안 다른 사람을 노르웨이의 국왕으로 내세우려 하는 것은 반역이라고 생각했기 때문이었습니다. 칼 왕자 부부 역시 정치적 문제에 관여하는 것을 그다지 좋아하지 않은 데다 아버지인 국왕이 반대했기에 노르웨이의 왕위에 대해서 욕심내지 않았습니다.

　　노르웨이는 계속해서 독립을 원했지만, 오스카르 2세는 이에 대해서 매우 강경하게 대응했기에 두 나라 간의 전쟁이 일어나기 직전 상황까지 이르렀습니다. 하지만 이런 긴장 상황을 중재하는 인물이 나타나는데 바로 오스카르 2세의 부인인 소피아 왕비였습니다. 소피아 왕비는 스웨덴

소피아 왕비(1836-1913), 1884년경.　　　　　오스카르 2세와 아들 칼 왕자

으로 시집온 뒤 오래도록 노르웨이에 애정을 가지고 있었습니다. 그렇기에 소피아 왕비는 노르웨이와 스웨덴이 평화롭게 헤어지길 원했고, 남편인 국왕을 비롯한 노르웨이의 독립에 강경한 반응을 보이는 사람들을 설득했습니다.

결국 1905년 노르웨이는 스웨덴으로부터 독립했고, 노르웨이 사람들은 덴마크의 칼 왕자를 국왕으로 선택했습니다. 칼 왕자는 덴마크의 국왕의 아들일 뿐 아니라 스웨덴의 칼 15세의 외손자이기도 했습니다. 게다가 그의 아내인 모드는 영국의 에드워드 7세의 딸이었습니다. 노르웨이 사람들은 처가인 영국으로부터 도움을 얻을 수 있으며, 이전에 노

칼 왕자와 잉에보리 왕자비를 노르웨이의 국왕 부부로 지지하는 내용의 카툰.

노르웨이의 호콘 7세와 모드 왕비 그리고 둘의 아들인 올라프 5세.

르웨이를 통치했던 스웨덴과 덴마크 두 나라 왕가의 혈연적 후손이었던 칼을 국왕으로 선택한 것이었습니다. 칼 왕자는 노르웨이의 국왕이 되면서 노르웨이식 이름인 호콘으로 이름을 바꿨으며 아들 역시 노르웨이식인 올라프라는 이름으로 바꿨습니다. 이렇게 국왕이 된 노르웨이의 호콘 7세는 현 노르웨이의 국왕인 하랄 5세의 할아버지입니다.

5. 이전 왕가와 연결고리를 만들다 : 구스타프 5세의 결혼

1880년경 스웨덴에서는 왕태자인 구스타프의 결혼 문제에 대해서 모두가 관심을 가지고 있었습니다. 구스타프의 어머니인 소피아 왕비는 영국과 영국의 빅토리아 여왕에게 매우 호의적인 감정을 가지고 있었기에 왕태자의 신부 후보로 거론된 사람들은 세례명에 모두 빅토리아라는 이름이 들어가 있는 빅토리아 여왕의 후손들이었습니다.

결국 구스타프 왕태자는 '빅토리아'라는 이름의 여성과 결혼했습니다. 하지만 스웨덴의 왕태자비가 된 여성은 이전에 거론되었던 빅토리아 여왕의 후손이 아닌 바덴의 빅토리아Victoria av Baden였습니다. 바덴의 빅토리아는 바덴의 대공 프리드리히 1세와 프로이센의 루이제의 딸로 태어났습니다. 빅토리아의 어머니인 프로이센의 루이제는 독일의 황제 빌헬름 1세의 딸로, 이전에 칼15세가 혼담을 깨버렸던 그 루이제였습니다. 루이제는 스웨덴과의 혼담이 깨진후 바덴의 대공과 결혼했던 것입니다.

구스타프와 빅토리아는 1881년 빅토리아의 사촌인 독일의 빌헬름

구스타프 5세와 바덴의 빅토리아(1881년).

왕자(후에 빌헬름 2세)의 결혼식 때 처음 만났습니다. 그리고 곧 둘은 결혼을 결정했습니다. 스웨덴 왕가에서 볼 때 바덴의 빅토리아는 괜찮은 신붓감이었습니다. 특히 빅토리아의 가문이나 혈연 관계는 스웨덴 왕가가 중요하게 생각할 수밖에 없었습니다. 빅토리아는 독일 황제의 외손녀였을 뿐 아니라 유서 깊은 바덴 대공 가문의 후손이었으며 또 영국 왕실과 러시아 황실과도 인척 관계였습니다. 하지만 스웨덴 왕가가 더 중요하게 생각한 혈연 관계는 바덴의 빅토리아의 할머니가 바로 스웨덴의 공주였다는 사실이었습니다.

바덴의 빅토리아의 할머니인 소피아는 쫓겨난 스웨덴의 국왕 구스타브 4세와 그의 아내인 바덴의 프레데리케의 딸로 태어났습니다. 아버지가 스웨덴에서 쫓겨날 때 함께 스웨덴을 떠났고 이후 외가인 바덴 대공

스웨덴의 소피아, 바덴의 대공비
(1801-1865), 28.5cm x 39.1cm,
Franz Xaver Winterhalter 작(1831년),
미국 오하이오 Cleveland Museum of Art 소장.

가에서 살았으며 결국 외가 쪽 친척이었던 바덴의 대공 레오폴트와 결혼
했습니다. 그렇기에 바덴의 빅토리아가 구스타프와 결혼한다면, 둘의 후
손들은 스웨덴의 이전 왕가들과 직접적 혈연 관계로 이어지게 되고, 결
국 유럽 왕가들의 견고한 혈연 관계에 스웨덴 왕가가 한발 더 다가갈 수
있는 기회이기도 했습니다. 1881년 구스타프와 빅토리아는 결혼식을 올
렸으며 둘은 후에 스웨덴의 국왕 구스타프 5세Gustaf V와 빅토리아 왕비
가 되었습니다.

정략 결혼을 했던 많은 유럽의 왕실 부부들처럼, 바덴의 빅토리아와
구스타프 5세의 결혼은 행복하지 않았다고 합니다. 빅토리아는 어린 시
절부터 건강이 그리 좋지 못했고 이 때문에 추운 스웨덴의 기후를 견디

지 못해 따뜻한 곳을 찾아 자주 요양을 다녔습니다. 하지만 빅토리아가
이렇게 스웨덴을 떠나곤 했던 것은 남편과의 불행한 결혼 생활에서 어느
정도 벗어나려는 것이기도 했습니다. 게다가 훗날 밝혀진 스캔들에 따르
면 구스타프 5세는 남성 연인이 있었을 가능성이 있었으며 당연히 보수
적인 성향의 빅토리아는 이런 남편을 이해하기 힘들었을 수도 있습니다.
구스타프 5세 역시 아내인 빅토리아와의 결혼 생활에 불행을 느꼈습니
다. 아마도 그의 성적 성향이 문제가 되었을 수도 있을 것입니다만, 기본
적으로 아내가 자신의 곁에 머물지 않는 상황에 대해서 불만이 많았을
것입니다. 하지만 둘은 사회적 지위와 체면 때문에 절대 헤어질 수 없는
사이였습니다. 둘은 불행한 결혼 생활을 참고 살아야 했고 아마 나이가
들면서 둘은 서로의 삶에 익숙해지게 되었을 것입니다. 그렇기에 구스타

프 5세는 며느리인 마리야 파블로브나 여대공이 불행한 결혼 생활을 견디지 못하고 이혼을 요구했을 때 며느리의 처지를 이해하고 이혼을 수락해줬다는 이야기도 있습니다.

칼 14세 요한이 스웨덴의 국왕으로 선출되면서 그는 칼 13세의 양자가 되었습니다. 하지만 그는 혈연적으로 유럽 왕가와는 전혀 연결고리가 없었습니다. 그리고 이후 국왕들 역시 이전 왕가와 혈연적으로 직접적으로 연결되는 사람들이 없었습니다. 하지만 구스타프 5세와 바덴의 빅토리아의 아들인 구스타프 6세 아돌프는 베르나도트 가문은 물론, 이전 왕가였던 홀슈타인-고토로프 가문과 직접적 혈연 관계로 연결되었으며, 더 나아가서는 그 이전 왕가인 팔츠-츠바이브뤼켄이나 바사 가문과도 혈연으로 연결되었습니다.

6. 주변의 왕가로 시집간 스웨덴의 공주들

베르나도트 왕가는 시간이 지나면서 스웨덴의 왕가로 자리 잡았습니다. 그리고 주변 국가들과 활발한 통혼을 이어나갔습니다. 특히 스웨덴의 공주들은 대부분 주변 통치 가문으로 시집갔고, 덕분에 스웨덴 왕가는 주변 국가의 통치 가문들과 혈연 관계로 이어지게 됩니다.

사실 베르나도트 가문에서는 딸들이 별로 태어나지 않아 공주들이 많이 없었습니다. 한 세대에 한 명 정도밖에 없었습니다. 물론 딸들이 많이 태어나는 세대도 있긴 했지만, 그렇게 많은 수는 아니었습니다. 이를테면 칼 14세 요한은 외아들인 오스카르 1세밖에 없었고 오스카르 1세에게는 고명딸인 유셰니Eugénie밖에 없었습니다. 그리고 오스카르 1세의 아들 중에 딸이 있던 사람은 칼 15세밖에 없었습니다. 이런 식으로 몇 세대를 이어가면서 공주들이 태어나면 이 공주들은 주변의 왕가로 시집갔습니다.

오스카르 1세의 딸이었던 유셰니 공주는 젊은 시절 병을 앓아서 건강이 나빠진 이후 결혼할 생각을 하지 않았습니다. 결국 유셰니 공주는 평생 미혼으로 지냈는데, 스웨덴에서 미혼 여성이 독립적으로 생활할 수 있는 법률이 통과되었을 때 가장 먼저 혜택을 받은 사람이 바로 유셰니 공주였다고 합니다.

베르나도트 가문에서 처음으로 주변 왕가로 시집간 사람은 바로 유셰니 공주의 조카이자 칼 15세의 딸이었던 로비사 공주Prinsessan Lovisa였습니다. 칼 15세는 딸 로비사를 무척이나 예뻐해 딸에게 많은 것을 해주고 싶었습니다. 그렇기에 딸에게 좋은 혼처를 찾아 주려 했습니다. 그리고 찾은 남편감은 바로 덴마크의 왕태자 프레데릭이었습니다. 프레데릭과 로비사의 혼담이 진행된 것은 덴마크와 스웨덴 간의 동맹을 강화하기 위한 것이기도 했습니다. 물론 두 나라의 국왕들은 동맹 자체에는 회의적이었다고 합니다만, 칼 15세는 딸이 왕비가 되는 것을 원했고, 크리스티안 9세는 외동딸로 부모의 재산 모두를 상속받을 로비사의 재력에 관

유세니 공주(1830~1889),
24cm x 30cm, Nils Blommér 작(1846년),
스웨덴 국립미술관 컬렉션,
현 Gripsholm Castle 소장.

심이 많았다고 합니다. 칼 15세는 물론 자신처럼 불행한 결혼 생활을 하는 것을 원치 않았기에 딸인 로비사가 프레데릭을 만난 후에 스스로 결정하길 기다렸고 로비사는 결국 결혼하기로 결정했습니다. 로비사는 덴마크의 프레데릭과 결혼해서 덴마크로 갔으며 당시 범스칸디나비아주의가 퍼져 있던 덴마크에서 환영받게 됩니다. 하지만 덴마크 왕가에서는 로비사에 대해서 못마땅해하는 사람들이 있었습니다. 로비사의 시어머니인 루이세 왕비나 로비사의 시집간 시누이들은 조용하고 얌전한 성격의 로비사가 활기차고 쾌활한 덴마크 왕가와 어울리지 않는다고 생각했습니다. 게다가 프레데릭은 아내에게 충실하지 않은 남편이었기에 결국 로비사는 남편과의 가정적 행복을 포기하고 아이들과 종교생활에 집중했다고 합니다. 로비사는 후일 딸인 잉게보르가 스웨덴의 칼 왕자와 결

혼해서 스웨덴으로 돌아간 것을 매우 좋아했습니다. 로비사는 1906년 남편인 프레데릭이 덴마크의 국왕 프레데릭 8세로 즉위하면서 덴마크의 루이세 왕비가 되었습니다. 로비사의 큰아들은 아버지의 뒤를 이어서 덴마크의 국왕 크리스티안 10세가 되었으며 둘째 아들인 칼은 독립한 노르웨이의 첫 번째 국왕으로 선출되어서 노르웨이의 호콘 7세가 되었습니다. 현 덴마크와 노르웨이의 국왕들은 모두 이 로비사의 후손들입니다.

오스카르 2세에게는 네 명의 아들만 있었습니다. 그리고 이 네 아들들 중 막내아들인 유셴 왕자는 미혼으로 지냈으며, 둘째 아들인 오스카르는 귀천상혼해서 왕위 계승 권리를 박탈당했고 이에 오스카르 왕자의 아이들은 스웨덴의 왕자와 공주 칭호를 쓸 수 없었습니다. 장남이자 후계자였던 구스타프 5세에게는 아들만 셋이 있었습니다. 사촌 로비사의 딸이었던 덴마크의 잉게보르와 결혼했던 칼 왕자에게는 세 명의 딸이 있었습니다.

칼 왕자의 큰딸이었던 마르가레타 공주Prinsessan Margaretha는 친척이었던 덴마크의 오게 왕자와 결혼했습니다. 오게는 덴마크의 크리스티안 9세의 손자이자 덴마크의 프레데릭 8세의 조카였습니다. 마르가레타의 어머니인 잉에보리 왕자비는 오게의 사촌으로 마르가레타와 오게는 마르가레타의 부모처럼 오촌 관계였습니다. 이런 친척 관계였기에 둘은 자주 만나게 되었고 결혼하기에 이르렀습니다. 그리고 둘은 행복했던 마르가레타의 부모처럼 행복한 결혼 생활을 했다고 합니다.

칼 왕자의 둘째 딸인 매르타Märtha av Sverige는 역시 친척 관계였던 노르웨이의 올라프 5세와 결혼합니다. 올라프의 아버지인 호콘 7세는 원래 덴마크 왕자로 매르타의 어머니였던 잉에보리 왕자비의 오빠이기도 했습니다. 올라프 5세와 매르타의 결혼은 정략 결혼에 더 가까웠습니다. 노르웨이가 스웨덴에서 평화롭게 독립하긴 했지만, 두 나라 간의 긴장 관계는 여전했습니다. 그리고 이런 긴장 관계를 완화하는 것이 바로 두 나라 왕가 간의 혼인이기도 했습니다. 이때 결혼할 만한 사람은 노르웨이 쪽에서는 호콘 7세의 외동아들인 올라프밖에 없었기에 칼 왕자의 딸들이 혼담의 고려 대상이 되었습니다. 아마 올라프와 나이대가 비슷한 칼 왕자의 막내딸인 아스트리드Astrid av Sverige가 유력한 신붓감이었습니다

만, 아스트리드는 벨기에 왕위 계승자와 결혼했고, 결국 올라프는 자신
보다 두 살 연상인 매르타와 결혼하게 되었을 것입니다. 결혼 후 부부는
매르타의 부모와 자매들처럼 행복한 결혼 생활을 했습니다. 매르타는 남
편인 올라프 5세가 국왕이 되기 전 사망했기에 노르웨이의 왕비가 되지
는 못했습니다만, 현 노르웨이의 국왕은 매르타의 아들입니다.

칼 왕자의 막내딸이었던 아스트리드는 벨기에의 레오폴 3세와 결혼
했습니다. 아스트리드와 레오폴 3세의 결혼은 정략 결혼이라기보다는
사랑에 빠져서 한 것처럼 보입니다. 적당한 신붓감을 찾고 있던 레오폴
3세가 아스트리드를 만났고 둘은 사랑에 빠졌다고 합니다. 물론 이 결혼
으로 인해서 스웨덴과 벨기에는 좀 더 가까운 사이가 되었는데 특히 아

스트리드가 매우 벨기에에서 매우 인기가 있었기에 벨기에 쪽에서 스웨덴에 대한 호감도가 올라갔다고 합니다. 아스트리드 역시 자매들처럼 남편과 매우 행복한 결혼 생활을 했습니다. 1934년 남편이 벨기에의 국왕이 되면서 아스트리드 역시 왕비가 되었습니다만 다음 해인 1935년 남편과 여행을 떠났다가 교통사고로 사망했습니다. 왕비의 비극적 죽음에 벨기에의 모든 사람들이 매우 슬퍼했다고 합니다. 남편인 레오폴 3세는 아내의 죽음에 큰 충격을 받았으며 오래도록 슬퍼했습니다. 하지만 아스트리드의 인기는 죽은 후에도 여전했고 이것은 레오폴 3세에게 부담이 되는데 레오폴 3세가 재혼했을 때 벨기에 사람들은 죽은 왕비를 떠올리면서 레오폴 3세와 그의 재혼한 아내에게 호의적이지 않았다고 합니다.

아스트리드의 아들인 보두앵과 알베르는 모두 벨기에의 국왕이 되었

잉리드(1910-2000)와 덴마크의
프레데릭 9세(1899-1972),
작가 미상 사진(1935년).

으며 현 벨기에 국왕인 필리프는 아스트리드의 손자이기도 합니다. 또 아스트리드의 딸인 조제핀-샤를로트는 룩셈부르크의 대공과 결혼했고 현 룩셈부르크 대공은 아스트리드의 외손자이기도 합니다.

구스타프 5세에게 세 명의 아들이 있었지만, 손녀는 잉리드Ingrid av Sverige밖에 없었습니다. 잉리드는 구스타프 5세의 큰아들인 구스타프 6세 아돌프와 그의 아내인 코넛의 마거릿의 고명딸로 위로는 오빠가 둘 있었고 밑으로는 남동생만 둘 있었습니다. 잉리드는 어려서 어머니가 사망하자 곧 외가인 영국으로 가서 살았습니다. 이 때문에 잉리드는 당시 웨일스공이었던 에드워드 8세의 신붓감으로 영국 언론에서 자주 거론했습니다. 잉리드는 스웨덴의 공주일 뿐 아니라 영국의 빅토리아 여왕의 후손으로 영국에서 지냈기에 영국 문화에 익숙했으며 또한 개신교도여서 영국의 왕위 계승자와 잘 어울린다는 평가를 받았습니다. 하지만 잉리드는 영국의 왕위 계승자가 아니라 덴마크의 왕위 계승자와 결혼합니다. 잉리드의 결혼 상대는 덴마크의 크리스티안 10세의 후계자였던 프레데릭이었습니다. 스웨덴과 덴마크 왕가의 결혼은 전통적으로 두 나라간의 우호를 증대시키는 것이기도 했으며 또 프레데릭의 할머니 역시 스웨덴 공주였기에 괜찮은 혼사로 여겨졌을 것입니다. 결혼 후 잉리드는 덴마크 궁정에서 매우 돋보이는 사람이 되는데, 특히 매우 보수적이고 강압적인 시아버지인 크리스티안 10세와도 나름 잘 지냈습니다. 특히 2차 세계대전이 일어나면서 덴마크 역시 독일에게 점령당하자 잉리드는 덴마크에서 독일 저항의 상징으로 알려졌으며 독일이 물러난 뒤 더욱더 사랑받는 왕족이 되었습니다. 현 덴마크 여왕은 잉리드의 딸입니다.

한 세기 전만 하더라도 '벼락부자' 취급을 받았던 스웨덴 왕가였지만 20세기가 되면서 여러 왕가와 통혼했고 현 벨기에, 노르웨이, 룩셈부르크, 덴마크 왕가는 스웨덴 왕가와 친척 관계이기도 합니다.

7. 공산주의와 나치즘 사이에서

1차 세계대전은 전 유럽의 상황을 바꿨습니다. 스웨덴은 주변 북유럽 나라들과 함께 중립을 표명했고 전쟁에 직접적으로 관여하지는 않았습니다. 하지만 스웨덴 역시 유럽의 혼란한 상황에 연루되는 것을 피할 수는 없었습니다.

1차 세계대전 중 러시아가 공산화되어서 소련이 되었으며, 전쟁이 끝난 뒤에 독일 제국이 붕괴하고 공화국이 되었습니다. 이것은 전 유럽의 정치 상황을 혼란스럽게 했습니다. 게다가 미국에서 발생한 경제 공황은 전 세계에 영향을 줘서 세계 대공황으로 이어지게 됩니다. 이것은 독일 내 상황을 더욱더 혼란스럽게 만들었으며 결국 나치즘이 등장하는 원인이 되었습니다.

나치즘이 처음 등장했을 때 유럽의 많은 왕족들이나 귀족들은 이에 열광했습니다. 특히 통치 영지를 상실했던 많은 독일 쪽 군주들은 나치즘이야말로 자신들의 지위를 다시 되찾을 수 있게 해줄 것이고 또 패전으로 인해 몰락한 독일을 전쟁 이전처럼 강력한 나라로 만들 것이라고 여겼습니다. 게다가 러시아에서 볼셰비키 혁명으로 인해서 군주가 살해되고 왕가와 귀족들이 모두 쫓겨났으며 내전으로 엄청나게 많은 사람들이 죽는 것을 목격한 이들은 공산주의가 유럽의 다른 나라들로 확대될 것을 두려워했고, 이런 사람들 역시 공산주의를 반대하는 나치에 호의적이 되었습니다. 독일에서뿐 아니라 다른 많은 유럽 국가들에서 나치즘을 지지했는데 특히 러시아와 오랜 숙적 관계였던 스웨덴 역시 공산주의에 대한 우려 때문에 나치즘에 호의적인 사람들이 늘어났습니다.

당시 스웨덴 국왕이었던 구스타프 5세 역시 이런 관점에서 나치에 호의적 감정이 되었을 것입니다. 구스타프 5세는 1차 세계대전 중 스웨덴

구스타프 5세(1858-1950),
Herrman Sylwander 사진(1938년).

의 중립을 유지하긴 했지만 아내인 바덴의 빅토리아 왕비의 영향을 받아서 점차 더 독일 측을 지지하는 입장이 되었다고 알려져 있습니다. 그리고 이때 구스타프 5세는 점점 더 보수적인 성향이 되어갔는데, 이런 그의 성향은 나치즘에 더욱더 호의적인 감정을 가지게 되었을 것입니다. 구스타프 5세는 비록 나치 지지자들의 인종 차별적 상황에 대해서는 찬성하지 않았지만 공산주의에 대항하는 이념으로써의 나치즘에 대해서 지지하는 마음이 있었을 것입니다. 이 때문에 구스타프 5세는 히틀러에게 호의적인 감정을 느꼈으며 그에게 인종 차별 완화에 대한 의견을 피력하기도 했다고 합니다.

구스타프 5세의 나치에 대한 호의는 스웨덴 내에서도 문제가 되는 것

손자인 구스타프 아돌프와 함께 괴링을
만나는 구스타프 5세, 작가 미상(1939년).

이었습니다. 물론 당시 스웨덴에서는 나치에 대해 호의적인 사람들이 늘
어나긴 했지만 극우주의를 표방하는 나치에 대해서 거부감을 갖는 사람
들이 훨씬 더 많았기 때문이었습니다. 이를테면 구스타프 5세는 1932년
독일에서 열린 손자 구스타프 아돌프 왕자의 결혼식에 참석하고 싶어 했
지만 반대 의견 때문에 참석할 수 없었습니다. 구스타프 5세의 장손으로
제2 왕위 계승자였던 구스타프 아돌프 왕자는 육촌이었던 작센-코부르
크-고타의 시빌라와 1932년 10월 코부르크에서 결혼했습니다. 시빌라
의 아버지인 카를 에두아르트는 빅토리아 여왕의 손자로 그의 아버지는
빅토리아 여왕의 막내아들인 레오폴드였습니다. 그는 할머니 빅토리아
여왕의 명으로 백부인 앨프러드의 뒤를 이어 작센-코부르크-고타 공작
이 되었습니다. 하지만 1차 세계대전 당시 그는 고향인 영국에 등을 지

고 자신의 나라가 있는 독일에 충성했습니다. 결국 그는 영국에서의 그의 지위를 모두 박탈당했고, 1차 세계대전 이후 작센-코부르크-고타 역시 공화국이 되면서 카를 에두아르트는 더욱더 어려움을 겪게 됩니다. 이렇게 되자 결국 그는 나치가 희망이라고 여겨 열렬한 나치 지지자가 되었으며 히틀러와도 가까운 사이가 되었습니다. 게다가 당시 독일의 많은 지역들이 나치의 영향 하에 있었고 코부르크 역시 마찬가지였습니다. 결국 구스타프 아돌프 왕자와 시빌라의 결혼식은 나치 행사로 치러지게 되었습니다. 스웨덴에서는 당연히 이런 나치 행사에 국왕이 공식적으로 참석하는 것을 용납할 수 없었을 것입니다. 더 나아서 언젠가 국왕이 될 구스타프 아돌프가 나치 행사로 결혼했다는 것 자체에 대해서도 스웨덴 내 여론이 나빴습니다.

이후 구스타프 5세는 열렬한 나치 지지자인 장인을 둔 손자 구스타프 아돌프와 함께 나치를 지지한 인물로 알려지게 됩니다. 하지만 구스타프 5세의 행동은 그가 단순히 나치 지지자라기보다는 이웃의 소련이 공산화되면서 세력을 넓혀가던 공산주의에 대한 대항으로 나치즘에 호의적이 되었을 것입니다. 게다가 구스타프 5세는 일관되게 나치의 인종차별 정책에 대해서는 반대하는 입장이었습니다. 그리고 2차 세계대전이 진행되면서 많은 이들이 더는 나치를 지지하지 않게 되었던 것처럼 구스타프 5세 역시 더 이상 나치를 호의적으로 대하지는 않았습니다.

8. 2차 세계대전 중 중립국 스웨덴 : 매르타 공주

2차 세계대전이 시작되면서 스웨덴은 1차 세계대전 때와 마찬가지로 중립을 선언합니다. 그리고 북유럽의 다른 국가들과 긴밀한 협조를 하기로 했습니다. 스웨덴 왕가는 이미 노르웨이 왕가나 덴마크 왕가와 결혼으로 맺어진 관계였는데 덴마크의 왕태자비는 스웨덴의 국왕 구스타프 5세의 손녀였으며, 노르웨이의 왕태자비는 구스타프 5세의 조카였습니다.

스웨덴 사람들은 대부분 중립 노선을 지지했으며, 이런 중립 입장은 2차 세계대전 중 핀란드 문제에서도 적용됩니다. 핀란드와 소련이 전쟁을 하게 되자, 핀란드는 같은 문화권 나라인 북유럽 국가들에게 도움을 청했습니다. 하지만 덴마크, 노르웨이, 스웨덴은 중립을 취하기로 결정했기에 핀란드를 직접적으로 돕길 거부했을 정도입니다. 대신 의용병의 참전은 허락했기에 북유럽 각 지역에서 핀란드를 지원하기 위한 의용군들이 핀란드로 떠났고 스웨덴 정부는 이를 반대하지 않았습니다.

북유럽 나라들이 중립을 선언했어도, 독일은 자신들의 이익에 따라서 덴마크와 노르웨이를 침공합니다. 덴마크는 손쉽게 점령당했으며 노르웨이는 영국 등의 지원을 받았지만 얼마 버티지 못하고 독일에 점령당했습니다. 이런 상황에서 스웨덴은 여전히 중립국의 지위를 유지하고 있긴 했지만 독일의 압력을 받아들여서 스웨덴을 거쳐 노르웨이로 물자를 수송하는 것을 허락해야만 했습니다. 사실 이 시기 스웨덴은 독일에 철광석을 팔았으며, 이 철광석은 독일의 군수 물자를 제조하는 데 쓰였습니다. 이 때문에 전후 스웨덴에 대해서 이시기 스웨덴은 중립국이 아니라 독일에 협력한 것이었다는 평가를 받기도 합니다.

스웨덴은 어떻게든 중립을 유지하려 했었는데 결국 이것은 노르웨이의 왕태자비이자 스웨덴의 공주였던 매르타의 상황에 영향을 미치게 됩니다.

1940년 노르웨이가 독일에 점령당하자 노르웨이의 국왕인 호콘 7세와 그의 아들이자 매르타의 남편인 올라프는 영국으로 망명해서 망명 정부를 수립한 뒤 독일에 대항했습니다. 당시 영국은 유럽 대륙의 여러 나라 왕가의 망명 정부 수립은 허용했지만 가족들이 함께 있는 것은 원치 않았습니다. 이 때문에 그리스나 네덜란드 등 망명을 한 다른 나라 왕가의 사람들도 수장인 국왕과 그 후계자 외에는 영국에 들어올 수 없었습니다.

노르웨이 왕가는 독일에 항복하는 것을 거부하고 망명 정부를 설립해서 저항하고 있었기에, 매르타 역시 세 아이들을 데리고 노르웨이를 떠나 안전한 곳으로 가야 했습니다. 그때 매르타가 떠올린 곳은 바로 친정인 스웨덴이었습니다. 매르타는 스웨덴으로 돌아가고 싶어 했지만, 스웨덴 내에서 매르타를 받아들여서는 안 된다는 의견이 있었습니다. 이들은 매르타와 그 자녀들을 받아들이는 것은 스웨덴의 중립성을 훼손하는 것이라고 주장했습니다. 특히 친독일파 사람들은 매르타가 독일의 제안을 수용해서 매르타의 어린 아들인 하랄을 노르웨이의 국왕으로 선포해야 한다고 주장하기까지 했습니다. 독일은 하랄을 국왕으로 선포해서 덴마크나 벨기에처럼 노르웨이를 장악하려는 속셈이기도 했습니다. 당연히 시아버지와 남편이 망명 정부를 구성해서 독일에 대항하고 있었는데, 아들을 국왕으로 선포하는 것은 매르타가 할 수 없는 일이었습니다.

마르타는 스웨덴에 있을 수 없는 상황에 몰렸습니다. 이런 마르타를
구해준 사람이 바로 미국 대통령인 루즈벨트였습니다. 마르타와 올라프
는 전쟁 직전 미국을 방문했고, 미국 대통령 부부와 친분을 쌓았습니다.
미국은 마르타가 곤란한 처지에 놓여 있다는 것을 알게 되자 전함을 보
내서 마르타와 마르타의 자녀들을 미국으로 불러들였습니다. 그때까지
미국은 유럽의 전쟁에 참전하지 않고 있었는데, 마르타는 미국이 유럽
전쟁에 참여해서 독일에 대항하는 노르웨이나 다른 많은 국가들을 도와
야 한다고 주장했습니다. 마르타는 미국의 참전을 위해서 활발한 활동을
했으며, 마르타의 활동은 미국의 여론과 미국의 대통령이었던 루즈벨트
에게 영향을 줬으며, 미국이 참전하는 데 중요한 역할을 했다고 평가받
고 있습니다.

매르타가 떠나면서 스웨덴의 중립이 지켜지게 되었지만, 사람들은 이제 독일의 압력에 대해서 점차 거부감을 느끼게 되었습니다. 스웨덴은 중립을 유지해야 했지만 여러 사항에서 독일의 압력에 굴복하게 되었으며, 매르타가 떠난 것 역시 이런 상황 중 하나였습니다. 스웨덴에서는 독일의 영향력에서 벗어나서 진정한 중립국이 되어야 한다고 여기게 되었습니다. 결국 스웨덴은 독일의 압박에서 벗어나기 위해서 무장 상태를 더 강화하기도 했지만, 독일의 전선이 서부 유럽을 벗어나 동부 유럽과 아프리카 등지로 점차 더 확대된 후에야 스웨덴은 독일의 압력에서 벗어나 원하던 대로 중립국 지위를 유지할 수 있었습니다.

9. 2차 세계대전 중 중립국 스웨덴 : 폴케 베르나도트와 화이트 버스 작전

2차 대전 후반부로 가면서 독일은 여러 지역에 전선이 늘어나게 됩니다. 이런 상황을 틈타 스웨덴은 중립국의 지위를 더욱더 확고히 할 수 있었습니다. 독일에 점령당했던 노르웨이나 덴마크에서는 독일을 몰아내기 위해서 레지스탕스 활동이 활발히 일어났으며, 이 때문에 독일 내 북유럽 출신의 포로들이 늘어나게 됩니다. 게다가 북유럽에서 끌려간 유대인들도 있었습니다. 전쟁이 끝나갈 무렵 독일 수용소들의 열악한 사정을 알게 된 많은 북유럽 사람들이 독일 내 북유럽 국가 사람들을 되돌아오게 하기 위해 노력하기 시작했습니다. 특히 노르웨이 측은 중립국인 스웨덴이 협상을 진행하기를 원했습니다. 물론 초기에 스웨덴은 정치적 문제 때문에 이를 거절했지만 1944년 전황이 독일 쪽에 불리해지고 있었고 독일 내 수용소들의 상황이 더 악화되고 있었기에 스웨덴 정부는 심각한 고민에 빠졌습니다. 그리고 노르웨이 측은 이런 스웨덴 정부에 좀 더 영향력을 행사 할 수 있는 인물과 접촉합니다. 바로 스웨덴 적십자사 부총재였던 비스보리 백작 폴케 베르나도트Folke Bernadotte였습니다.

비스보리 백작 폴케 베르나도트는 '베르나도트'라는 성에서 알 수 있듯이 스웨덴 왕가의 방계 가문 출신이었습니다. 그의 아버지는 오스카르 2세의 아들이자 구스타프 5세의 동생이었던 오스카르 왕자였습니다. 오스카르 왕자는 젊은 시절 스웨덴 귀족 가문 출신의 여성이었던 에바 문크와 사랑에 빠졌습니다. 하지만 스웨덴 왕가는 통치 가문 출신의 여성과 결혼하지 않을 경우 계승 권리를 박탈했고 결국 오스카르 왕자는 에바와 결혼하면서 왕위 계승권을 박탈당했습니다. 오스카르 왕자와 그의 아내는 지위가 애매해졌는데 결국 오스카르 왕자의 외가 쪽 친척이었던 룩셈부르크 대공으로부터 비스보리 백작 지위를 부여받았고 이후 오스카르 왕자의 자녀들은 모두 비스보리 백작과 백작 영애 칭호를 썼습니다. 그렇기에 오스카르 왕자의 막내아들이었던 폴케 베르나도트 역시 비스보리 백작 폴케 베르나도트로 알려져 있었습니다. 폴케 베르나도트는 스웨덴에서 왕위 계승 권리가 없었지만 국왕의 조카이자 왕가의 가장 가까운 친척으로 스웨덴에서 활발한 사회 활동을 했습니다. 특히 그는 스웨덴 내의 스카우트 활동에 매우 열성적이었습니다. 또 전쟁 기간 동안 폴케 베르나도트는 스웨덴 적십자사 부총재를 지내기도 했습니다.

폴케 베르나도트(1895-1948),
1942년.

폴케 베르나도트는 북유럽 국가 출신의 포로들을 스웨덴을 통해 노
르웨이나 덴마크로 돌아오게 하는 계획에 매우 적극적이었습니다. 그는
독일 측 사람들과 접촉하기 시작했습니다. 독일 측에서도 이런 계획에
대해 호의적인 사람들이 있었는데 결국 1945년 2월 폴케 베르나도트는
독일의 권력자 중 하나였던 하인리히 힘러와 접촉해서 독일 내 수용소에
있는 북유럽 국가의 사람들을 돌려보내는 데 합의했습니다.

포로들을 독일에서 스웨덴으로 옮기는 문제에서 모든 장비와 인력은
스웨덴에서 지원하기로 했습니다. 스웨덴은 덴마크와 함께 이 일을 진행
했는데 덴마크 역시 자국민들을 데려오기 위해 물자와 인력을 아끼지 않
았습니다. 이들은 포로 수용소를 돌아다니면서 북유럽 국가 출신의 사람

화이트 버스 작전에 쓰인 스웨덴 측 버스 ⓒ Janwikifoto(Wikimedia Commons)

들을 버스에 태워서 육로로 이동한 뒤 배를 타고 스웨덴으로 가는 루트
를 잡았습니다. 이 작전은 매우 위험이 컸는데, 대량의 버스들이 이동할
경우 연합군에서 군사 물자의 이동으로 오인해서 폭격을 가할 염려가 있
었기 때문이었습니다. 이 때문에 포로들을 수송하는 버스들은 모두 흰색
으로 칠하고 적십자 마크를 그려 넣었다고 합니다. 덴마크 측에서 지원
한 버스들 역시 흰색으로 칠했는데 여기에는 적십자 마크 대신 덴마크
국기가 들어갔다고 합니다. 이렇게 포로들을 이동시키는 데 흰색 버스가
쓰였기에 이 작전을 '화이트 버스(Vita bussarna)' 작전이라고 불렀습니다.

스웨덴 정부는 영국 정부에 폭격을 중단해달라고 요청했는데 영국
정부는 긍정적으로 받아들이기는 했지만 절대 폭격을 하지 않겠다는 확

작전을 지휘하고 있는 폴케 베르나도트.

답을 주지는 않았다고 합니다. 그리고 작전이 진행되는 동안 실제로 오인해서 폭격을 가한 경우가 발생하기도 했습니다.

이 작전의 초반에는 극심한 부상을 당한 사람들은 옮길 수가 없어서 이들을 남겨두고 왔어야 했는데 열악한 수용소 환경에 이들을 남겨두고 오는 것에 대해 모두가 안타까워했습니다. 이후 폴케 베르나도트는 이런 중증 환자도 데려올 수 있도록 다시 협상을 진행했습니다. 이후 독일의 패망이 가까워오면서 연합군의 진격이 빨라지자, 이 작전은 속도를 올렸습니다. 이들은 이제 한 명이라도 더 수용소에서 구출하기 위해 최대한의 인력을 동원했습니다. 구출 범위는 북유럽 국가 사람들뿐 아니라 모든 포로로 확대되었습니다.

이 작전으로 수많은 사람들이 구출되었고 고향으로 돌아갈 수 있었습니다. 전후 폴케 베르나도트는 이 작전에 대한 공으로 노르웨이에서 굉장한 지지를 받게 됩니다. 수많은 노르웨이 포로들이 독일에서 돌아올 수 있었기에 전후에 노르웨이 왕실 가족들과 함께 열렬한 환영을 받았습니다.

이 작전을 통해서 폴케 베르나도트는 더욱더 국제적 명성을 얻게 되었으며, 이후 유엔에서는 그에게 팔레스타인 지역의 분쟁 조정을 맡기기까지 했습니다. 폴케 베르나도트는 분쟁을 조정하려 했지만 그의 조정안에 불만을 품은 이스라엘 측 극우 세력에 의해서 암살당하며 1948년 생을 마감했습니다.

10. 변화하는 왕가 : 20세기의 스웨덴 왕가

20세기가 되면서 유럽은 다시 한 번 큰 변화를 겪었습니다. 스웨덴 역시 예외는 아니었습니다. 1907년 스웨덴의 구스타프 5세가 즉위했을 때, 그는 의회 정치를 수용하는 입장을 발표했습니다. 특히 국왕의 절대적 권력을 강조하는 행사인 대관식을 치르지 않기로 하면서 그가 의회 정치를 수용하려는 것으로 받아들여졌습니다. 하지만 법적으로는 여전히 국왕은 절대적 권력을 가지고 있었고 구스타프 5세도 나이가 들면서 보수적이 되어가 이전에 용인했던 많은 것들을 더는 용인하지 않고 군주로서의 자신의 뜻을 관철시키려 하기도 했습니다.

구스타브 6세 아돌프(1882-1973).

1950년 구스타프 5세가 사망하고 그의 아들인 구스타프 6세 아돌프가 왕위에 올랐습니다. 구스타프 6세 아돌프는 이미 유명무실해진 국왕의 절대 권력에 대한 법률을 아예 폐기시키기로 결정했습니다. 물론 구스타프 5세 시절 이미 의회 정치가 이루어지고 있었습니다만, 국왕과 의회가 의견이 다를 경우 국왕이 자신의 뜻대로 할 수 있었으며, 이것은 국왕이나 왕실 가족에 대한 반감으로 이어지는 경우가 있었습니다. 그렇기에 구스타프 6세 아돌프는 아예 이런 일을 막기 위해서 법률 자체를 바꾸려는 생각을 하게 된 것이었습니다. 아마 구스타프 6세 아돌프는 이제 군주가 나라를 통치하는 것이 아니라 국민들의 대표들이 모인 의회가 나라를 통치하는 시대가 되었다고 판단했을 것입니다. 그렇기에 이런 시대적 흐름을 거스르지 말고 국왕이 완전히 상징적 존재로 남아야만 왕가가 살아남을 수 있는 길이라고 생각했을 것입니다. 하지만 재미난 것은 구스타프 6세 아돌프가 국왕이 었던 시기, 스웨덴에서 구스타프 6세 아돌프의 인기가 너무나 높았고 이것은 군주제를 계속해서 유지할 수 있는 중요한 바탕이 되었습니다. 심지어 당시에는 만약 스웨덴이 공화국이 된다면 대통령은 국왕이 뽑힐 것이라는 말도 있었다고 합니다.

결국 구스타프 6세 아돌프는 나라를 통치 권한을 국왕에게서 완전히 의회로 넘기는 작업을 했습니다. 그의 생전에 그 법률안이 마련되었지만, 법률이 시행된 것은 구스타프 6세 아돌프가 죽고 그의 손자였던 현 스웨덴 국왕인 칼 16세 구스타프가 국왕이 된 뒤부터였습니다. 그렇기에 현 스웨덴 국왕은 국가의 통치 행위에서 완전히 상징적 존재로 남았습니다. 이런 상황은 결과적으로 이제 왕족들의 삶이 스웨덴의 중요한 역사적 사실과는 동떨어지게 되는 경향을 보이게 됩니다. 하지만 이것은 20세기를 거치면서 군주제를 시행하고 있는 나라들 대부분에서 나타나는 현상이기도 합니다.

현 국왕인 칼 16세 구스타프 역시 계속해서 왕실과 관련된 여러 가지를 개혁해 나갔습니다. 이를테면 칼 14세 요한 시절부터 왕가가 스웨덴 정부에게서 받았던 돈인 '과들루프 펀드'를 더 이상 받지 않는다던가, 여러 개의 왕실 훈장들을 정리한다던가 하는 일을 했습니다.

또한 왕위 계승권에 대한 여러 가지를 바꿨는데 이를테면 이전까지 스웨덴 왕가에서는 통치 가문의 여성과 결혼하지 않으면 계승 권리를 박탈하는 귀천상혼 제도를 인정했었습니다만, 칼 16세 구스타프는 스스로 통치 가문의 출신이 아닌 여성과 결혼해서 이 제도를 폐지시켰습니다. 또 아들인 칼 필립이 태어난 뒤인 1980년, 아들에게만 왕위 계승 권리를 부여하던 방식을 폐지하고 국왕의 첫 번째 자녀에게 왕위 계승권을 부여했습니다. 이 결과 현재 스웨덴의 제1 왕위 계승자는 칼 16세 구스타프의 첫째 딸인 빅토리아 공주이며, 제2 왕위 계승자는 빅토리아 공주의 첫째 자녀인 에스텔 공주입니다.

참고 문헌

1. 북유럽사(변광수, 대한교과서주식회사, 2006)
2. *A Warrior Dynasty : The Rise and Fall of Sweden as a Military Super Power 1611-1721* (Henrik O. Lunde, Casemate Publishers, 2014)
3. *Cross & Scepter : The Rise of the Scandinavian Kingdoms from the Vikings th the Reformation* (Sverre Bagge, Princeton University Press, 2014)
4. *Gender and Politics in Eighteenth-Century Sweden : Queen Louisa Ulrika(1720-1782)* (Elise M. Dermineur, Routledge, 2017)
5. *Queen Hedwig Elenora and the Arts : Court Culture in Seventeenth-Century Northern Europe* (Kristoffer Neville and Lisa Skogh ,Routegde, 2017)
6. *The Early Vasas: A History of Sweden 1523–1611* (Michael Roberts, Cambridge University Press,1968)
7. *The Sibly of the North : the tale of Christina Queen of sweden* (Faith Compton Mackenzie, Houghton Mifflin Company, 1931)
8. *The Man Behind The Queen* (Charles Been and Miles Taylor, PalgraveMacmillan, 2014)
9. *Bernadotte and Napoleon, 1763-1810* (Dunbar Plunket Barton,London;John Murray,1921)
10. *The history of Sweden* (Byron J Nordstrom, Greenwood Press, 2002)
11. *A concise history of Sweden* (Neil Kent, Cambridge University Press, 2008)

참고 사이트

1. 스웨덴 왕가 공식홈페이지 https://www.kungahuset.se/english
2. 영문 위키피디어 https://en.wikipedia.org
3. 스웨덴 여성 인명사전 https://skbl.se/en
4. 위키미디어 커먼스 https://commons.wikimedia.org

스웨덴 왕실의 역사
왕족들 이야기를 중심으로

발행일 2023년 9월 1일
지은이 | 정유경
펴낸이 | 김문영
펴낸곳 | 이숲
등록 | 제406-3010000251002008000086호
주소 | 경기도 파주시 책향기로 320, 2-206
전화 | 02-2235-5580
팩스 | 02-6442-5581
홈페이지 | http://www.esoope.com
Email | esoope@naver.com
ISBN | 979-11-91131-58-1 03920
ⓒ 정유경, 이숲, 2023, printed in Korea.

본 도서는 카카오임팩트의 출간 지원금을 받아 만들어졌습니다.